教育と LGBTIをつなぐ

学校・大学の現場から考える

三成美保 編著

青弓社

教育とＬＧＢＴＩをつなぐ——学校・大学の現場から考える

目次

第4章　「性の多様性」教育の方法と課題　渡辺大輔　145

第5章 教員採用試験での適性検査MMPIの見直しの必要性 岩本健良 167

第2部 大学教育でのLGBTIの権利保障

装丁――斉藤よしのぶ

はじめに

三成美保

本書は、二〇一六年五月の日本学術会議法学委員会社会と教育におけるLGBTIの権利保障分科会（LGBTI分科会）による公開シンポジウムをもとにしている。当日の報告者とコメンテーターに加え、司会者と分科会メンバーの一部に執筆者として加わっていただいた。

いわゆる「性的マイノリティ（LGBT／LGBTI、SOGIなど）」の権利保障は、国際社会でも重要な課題の一つになっている。しかし、日本では法的対応が遅れていて、社会的差別が存在する。たとえば、「性同一性障害者の性別の取扱いの特例に関する法律」は日本で唯一のLGBTI法だが、「性同一性障害」という呼称や戸籍上の性別変更要件が厳しすぎるなど多くの改正課題をかかえている。また、婚姻の性中立化（同性婚の容認）も進んでいない。このため、LGBTI分科会では、日本の現状を明らかにするとともに、国際比較を通して日本の課題を検討することを目指した。二〇一四年十月の分科会設置後、これまで「性的指向」「教育」「雇用と労働」という三つのテーマについてそれぞれシンポジウムを開催した。(1) これらの成果をふまえて、一七年夏には「提言」をまとめ、日本学術会議のウェブサイト上で公表する予定である。

性的指向や性自認、身体的な性に関する特徴を有する人びとをどのように表現するかは、きわめてむずかしい問題である。本書でも、執筆者の考え方にもとづいてさまざまな表現が用いられている。日本では、研究者や当事者の間で「性的少数者」「性的マイノリティ」「セクシュアル・マイノリティ」という語が使われてきた。最近では、文部科学省が、「性同一性障害に係る児童生徒に対するきめ細かな対応の実施等について」という通知文書（二〇一五年。本書の資料1）で、きめ細かな対応は「性同一性障害に係る児童生徒だけでなく、いわゆる「性的マイノリティ」とされる児童生徒全般に共通するもの」としている。

しかし、英語圏では「セクシュアル・マイノリティ（sexual minority, -ties）」という表現はあまり使われていない（本書の谷口洋幸「コラム1 ＬＧＢＴ／ＳＯＧＩに関する包括的な法整備の必要性」を参照）。欧米で一般に用いられるのは、当事者たちの自称である。一九七〇年代のゲイ解放運動の高まりを受けて、八〇年代半ば以降、当事者たちの自称である「レズビアン、ゲイ、バイセクシュアル」の頭文字をとって「ＬＧＢ」という語が使われ始めた。九〇年代になると、「トランスジェンダー」の頭文字Ｔを含めて「ＬＧＢＴ（Lesbian, Gay, Bisexual and Transgender）」という表現が現れ、広く普及した。ＬＧＢＴという語は、二〇一二年頃から日本のマスコミにも登場するようになった。

最近の国際社会では、二〇一五年九月のＩＬＯ（国際労働機関）を含む国連十二機関の共同声明が示すように、ＬＧＢＴよりも「ＬＧＢＴＩ（Lesbian, Gay, Bisexual, Transgender and Intersex）」という表現を使うようになっている。[2] これは、身体に関する「性の特徴（インターセックス、性分化疾患を含む)[3]」を含んだ概念である。[4] 本書のタイトルを『教育とＬＧＢＴＩをつなぐ――学校・大学の現場から考える』にしたのは、用語法に関するこのような国際的動向を反映している。

ＬＧＢＴＩの権利保障をめぐっては、性的指向に関する問題群(同性パートナーシップや婚姻の性中立化など)が長く議論されていて、二〇一五年からは急速に「雇用と労働」に焦点が当たるようになった(本書の三成美保「序章 教育でのＬＧＢＴＩの権利保障の課題」を参照)。教育についても、この数年、文科省が取り組みを強めている。しかし、文科省による通知や手引の対象は、初等・中等教育に限定されていて、とりわけ性同一性障害の児童・生徒に対する配慮が先行してきた(資料1・2を参照)。これに対して、本書は第1部を学校教育(初等・中等教育)、第2部を大学教育とする二部構成とし、大学教育の課題を取り上げた点に独自性がある。また、第1部の学校教育についても、性同一性障害だけではなく、広くＬＧＢＴＩを取り上げることにした。

「第1部 学校教育でのＬＧＢＴＩの権利保障」には、中学校の実践例(岸田英之「第1章 生徒による取り組みの紹介――丹原東中学校の実践から」)、学校と医療の連携(中塚幹也「第2章 ＬＧＢＴＩ当事者のケアに向けた学校と医療施設との連携」)、教育現場での対応(薬師実芳「第3章 多様な性をもつ子どもの現状と教育現場で求められる対応について」)、「性の多様性」教育(渡辺大輔「第4章「性の多様性」教育の方法と課題」)、教員採用試験(岩本健良「第5章 教員採用試験での適性検査ＭＭＰＩの見直しの必要性」)と法整備(谷口洋幸「コラム1」)を収めた。

「第2部 大学教育でのＬＧＢＴＩの権利保障」には、実態調査(隠岐さや香「第6章 日本の大学での性的少数者に関する調査結果」)、学生支援(河嶋静代「第7章 大学での性的指向と性自認が非典型の学生支援の課題」)、アメリカの大学(髙橋裕子「第8章 トランスジェンダーの学生受け入れとアメリカの名門女子大学――もう一つの「共学」論争後のアドミッションポリシー」)とサポート実践(田中かず子「コラム2 性的マイノリティ問題への取り組み――国際基督教大学での実践からみえてきたこと」)、アメリカのトイレ騒動(紙谷雅子「コラム3 トイレ騒動――現在進行形」)を収めた。実践例や調査結果の紹介、国際比較など、叙述はできるだけ具体的にするように配慮した。

本書が、小学校から大学までを含む教育現場で広く活用されるならば幸いである。

注

(1) LGBTI分科会主催の第一回シンポジウムは、「セクシュアリティとジェンダー――性的指向の権利保障をめぐって」というタイトルで、日本ジェンダー学会の大会シンポジウムを兼ねて、同学会との共催として実施した(二〇一五年九月十九日に奈良女子大学で開催)。その成果は、日本ジェンダー学会年報「日本ジェンダー研究」第十九号(日本ジェンダー学会編集委員会編、日本ジェンダー学会、二〇一六年)で公表している。第二回シンポジウムが、本書のもとになった「教育におけるLGBTIの権利保障――現状と課題」(二〇一六年五月二十一日に日本学術会議講堂で開催)である。当日は、百五十人にものぼる出席者があり、関心の高さをうかがうことができた。本書の各章は、当日のシンポジウム報告をもとにしていて、各コラムはコメンテーターによるコメントに加え、一部、分科会メンバーによるものを追加した。第三回シンポジウムは、「LGBTIの権利保障――雇用と労働」である(二〇一六年十二月十一日に日本学術会議講堂で開催)。同シンポジウムの成果は、二〇一七年秋に晃洋書房から公刊を予定している。

（2）用語について、詳しくは、三成美保「ＬＧＢＴ／ＬＧＢＴＩの権利保障――現状と課題」「労働法律旬報」二〇一六年十一月上旬号（旬報社）を参照。

（3）Ｉは「インターセックス（Intersex）」の頭文字である。この用語は、身体上の性の特徴は「非定型［非典型］（性染色体や内性器・外性器などの組み合わせが男女いずれかの定型的なパターンとは異なる状態を指す）」である状態を指し、身体的性や性自認が「中間」という意味ではない。詳しくは、本書の三成美保「序章　教育でのＬＧＢＴＩの権利保障の課題」と中塚幹也「第2章　ＬＧＢＴＩ当事者のケアに向けた学校と医療施設との連携」を参照。

（4）ＬＧＢＴＩは当事者たちを表す呼称である。しかし、性的指向や性自認それ自体は、ＬＧＢＴ／ＬＧＢＴＩ当事者か否かにかかわらず、すべての人に関わる属性として議論する必要がある。このような考え方を表すのが、「ＳＯＧＩ（Sexual orientation, Gender identity）」という概念である。ＳＯＧＩについては、本書のコラム1を参照。

序章

教育でのLGBTIの権利保障の課題

三成美保

1　性の複合的な多様性

「性」は、多様である。身体の性別・性自認・性的指向のそれぞれに多様なバリエーションがあるだけでなく、これらの要素がさまざまに組み合わさって「性」が構成される。「性の多様性」は「複合的な多様性」なのである。

第一に、身体の性別は「女」「男」だけとは限らない。たしかに、有性生殖動物であるヒトの身体は、多くの場合、「XX染色体・女性内性器（卵巣・子宮）および女性外性器・女性ホルモン」の組み合わせからなる女性型か、「XY染色体・男性内性器（精巣・睾丸）および男性外性器・男性ホルモン」の組み合わせからなる男性型に分かれる。しかし、これらの要素は常に典型的（定型的）に組み合わさるとはかぎらない。ヒトの身体的性別は、典型的男女身体を両極にさまざまなグラデーションをなす。

性染色体・生殖器・性ホルモン分泌などの組み合わせが典型的ではない場合を「インターセックス」（I＝Intersex）と呼び、七十種以上ある(1)（本書の中塚幹也「第2章 LGBTI当事者のケアに向けた学校と医療施設との連携」を参照）。インターセックス自体は「性の特徴」であり、疾患ではない。しかし、使わない内性器がガン化する場合もあり、そのような場合には「性分化疾患」として治療が必要になる。また、インターセックスの性自認が、「男女の中間」というケースは非常に少ない。

インターセックスはあくまで身体上の性分化の特徴を表す表現であり、性自認はほとんどが女性あるいは男性であることには十分に留意する必要がある。

現在の日本では、生まれたときに性別がはっきりしない場合には、戸籍の性別を空欄にすることができる。しかし、二十年ほど前までは、インターセックスの子はほとんどすべてが「女性」として戸籍登録され、女児にふさわしいように性器などを加工された。本人の意思にもとづかない身体加工は、緊急の医学的必要がないかぎり、親の同意があってもはなはだしい人権侵害になる。(2) 身体は、すべてについて本人の自己決定に委ねられるべき人格権に属するのである。

第二に、「性別違和（トランスジェンダー）」（Ｔ＝Transgender）は、身体的性別と「性自認（ジェンダー・アイデンティティ）」が一致しないケースである。ＬＧＢＴの対人口比は七・六％（二〇一五年調査）とされる。(3) トランスジェンダーのうち、性別適合手術（性別再指定手術）を受けて身体変更をおこなった者あるいは身体変更を望む者（トランスセクシュアル）の割合は低く、二〇％から三〇％にとどまる。(4)

戸籍上の性別変更を認める「性同一性障害者の性別の取扱いに関する法律」（二〇〇三年。以下、特例法と略記）がいう「性同一性障害」は、トランスセクシュアルにあたる。しかし、トランスセクシュアルは「障害」ではない。このため、「性同一性障害」という呼称はもはや国際社会では使われず、「性別違和」と呼ばれる。日本では、性別適合手術やホルモン治療の保険適用が認められておらず、多額の費用がかかる。また、特例法が定める法的性別変更要件には生殖不能要件（生殖機能を完全に失う）が含まれ、欧米諸国と比べてきわめて厳しい。日本では、法的性別変更自体が著しく抑制される現実がある。

第三に、性的指向には、「異性愛」「同性愛（LG）」「両性愛（B）」のほか、性愛が誰にも向かない「無性愛（A《エイ》（ア）セクシュアル）」がある。性的指向は、生得的な場合もあれば、生育環境によって影響を受ける場合もある。また、生涯を通じて必ずしも一貫しているわけではなく、変化する場合もあるし、人生の後半に「自覚」される場合もある。

2　トランスジェンダー／インターセックスの「学ぶ権利」の保障

三つの支援

二〇一七年三月二十日、日本女子大学が「体は男性、心は女性」（トランスジェンダー）の入学を可能にするかについて検討を始めたというニュースが「朝日新聞」一面で報じられた。日本の女子大で、トランスジェンダーの入学資格につき公式に検討が始まった初の事例となる(5)。

トランスジェンダーやトランスセクシュアル（以下では、トランスジェンダーと総称する）、インターセックスの「学ぶ権利」の保障という視点からは、三つの課題が浮かび上がる。第一は、「望む性別（性自認）」にもとづく修学の支援（修学支援）である。第二は、「望む性別（性自認）」での学校選択の保障（入学保障）である。第三は、いったん入学した学校で卒業まで勉学を保障される権利（在籍保障）である。たしかに、「入学保障」と「在籍保障」の問題は、共学よりも、「性別」を限定した教育機関（女子校・男子校・女子大など）で特に先鋭化する。しかし、「学ぶ権利」の保障は、「修学支援」「入学保障」「在籍保障」のすべてにわたって取り組まれるべきであり、すべての教育機関に共通する課題である。「修学支援」だけに限定した議論は、ＬＧＢＴＩの「学ぶ権利」の本質を捉えそこなう。

ＬＧＢＴＩの「学ぶ権利」の包括的保障は、二つの点から教育機関に義務づけられていると考えることができる。第一は、憲法上の権利保障である。「性」は、憲法第十三条で保障される「プライバシー権」の一つであり、憲法第十四条は「性別」にもとづく差別を禁じている。第二は、障害者差別解消法（二〇一六年四月施行）にもとづく「合理的配慮」の法的義務（国立大学など）あるいは努力義務（私立大学など）である。ＬＧＢＴＩは決して「障害」ではない。しかし、現行法上、「性同一性障害」は「障害（精神障害）」に含まれると解されている。「性分化疾患」も「疾患」による差別禁止の文脈で同法の対象となる。以下では、文部科学省からまだ統一方針が示されていない大学での課題を中心に検討しておきたい。

修学支援

二〇一六年四月に文科省が初等・中等教育機関向けに出した「性同一性障害や性的指向・性自認に係る、児童生徒に対するきめ細かな対応等の実施について（教職員向け）」（巻末資料２）では、ＬＧＢＴＩ全般にわたる配慮が必要と謳われている。「自殺総合対策大綱」（二〇一二年）で、「自殺念慮の割合等が高いことが指摘されている性的マイノリティについて、無理解や偏見等がその背景にある社会的要因の一つであると捉えて、教職員の理解を促進する」(6)と記されたことが文科省の対策に大きな影響を与えた。しかし実際には、「周知資料」の記述のほとんどは「性同一性障害」児童・生徒への配慮にあてられている。

特例法によれば、二十歳以上でなければ性別変更をおこなうことはできない(第三条)。したがって、「周知資料」では、法的性別変更には言及されず、性別違和感をもつ児童・生徒の性自認の尊重と本人の性自認にもとづく教育的配慮が中心になっている。しかし、この配慮事例は、小学校から高校だけでなく、大学や一般企業でも率先して導入すべき事項である。その意味で、「周知資料」は一般的な啓発資料としても利用価値が高い。

他方、トランスジェンダー以外のＬＧＢ(非異性愛)やインターセックスについて、「周知資料」にはほとんど記載されていない。ＬＧＢについては特に道徳や家庭科、保健体育の教科書記述での異性愛主義を相対化する必要がある。また、インターセックスについては、人間身体が典型的な男女身体を両極においた多様なバリエーションからなることを保健体育などで教える必要があるだろう。

大学では、現在のところ、ＬＧＢＴＩの修学環境の保障に関わるのは、主にハラスメント防止と障害学生支援である。しかし、いずれも被害相談や支援相談があったときに動くシステムであり、日常的・体系的な修学支援については別の支援体制が必要である。大学では制服などの規制がほとんどないため、「修学支援」の柱は、各種書類での性別記載欄、通称名の使用、トイレ使用や体育・健康診断での配慮、不安や悩みのカウンセリングなどとなる。

学校書類の性別記載欄に関しては、国際基督教大学（ＩＣＵ）の取り組みが注目される（表1を参照）。ＩＣＵでは、きわめて早い段階から各種書類の性別記載を見直し、できるだけ性別記載を排除するという取り組みをしていて、他大学にとっても大いに参考になるだろう（本書の田中かず子「コラム2　性的マイノリティ問題への取り組み――国際基督教大学での実践からみえてきたこと」を参照）。

表1　国際基督教大学が発行する証書の性別記載

①性別記載がないもの
在学証明書
在籍証明書
卒業・修了見込証明書
教員免許取得見込証明書
調査書（大学院受験用）
卒業・修了証明書
過去在籍証明書
教職に関する証明書
学芸員に関する証明書
成績の表示について（2009年度以前入学の大学院博士後期課程のみ対象）

②一部性別記載があるもの
成績証明書（在学生の場合、和文・英文、自動発行・タイプ発行のいずれの場合も、性別記載はないが、学籍情報が電算化される ID76以前の卒業生について英文タイプによる成績証明書を発行する場合、性別記載がある）

③原則性別記載があるもの
健康診断書（証明書自動発行機で即時発行できる定型診断書には、性別記載があるが、ICU ヘルスケアオフィスで校医との面談のうえで作成する診断書では、性別記載に関して相談できる可能性がある）

（出典：CGS〔ジェンダー研究センター〕「ジェンダー・セクシュアリティとキャンパスライフ Vol.1――できることガイド in ICU（ver.1）」2016年４月１日（http://web.icu.ac.jp/cgs/2016/04/gscl01v1.html）［2017年４月１日アクセス］）

すでに、いくつかの大学が通称名の使用を許可しているが、通称名の使用範囲は大学によって異なる(表2を参照)。通称名使用は、証明書や医師の診断書を添付することなく、本人の自己申請によって認められることが望ましい。トランスジェンダーの大半は身体変更を望まないので、現行法上は戸籍上の性別変更ができない(欧米の多くでは身体変更をせずとも持続的な性別違和感があれば法的性別を変更できる)。しかし、名を変え、性自認にしたがった生活を望む者は多い。戸籍名の変更には家庭裁判所の許可が必要となり、そのためには戸籍名変更の理由と通称名利用の実績期間(最近では一年から三年)を証明しなければならない。その場合、通称名使用の実績期間が在学期間にあたることは十分に予想されるのであり、通称名使用の申請が煩雑な手続きであること自体が通称名使用の権利を著しく阻害することになる。

トイレ使用や体育・健康診断への配慮、カウンセリング体制の充実については、大学としての組織的な対応が急務である。トイレについては、多目的トイレの設置が進められているが、男性用トイレの個室化も含めて検討されるべきである。また、性別によって分けられているさまざまな仕組みについて、当事者の相談に応じた対応をとることが求められる。その際、LGBTI専用のカウンセリング体制にすると、相談にくること自体が「カミングアウト」を伴うことを考慮し、「修学上の困難に関する相談」全体の「サポートルーム」とすることが望ましい。

入学保障

文科省通知や周知資料では、女子校あるいは女子大への進学問題(入学資格)については言及さ

表２　通称名の使用について

<table>
<tr><th>大学</th><th>取り組み例</th><th>典拠など</th></tr>
<tr><td>東京大学</td><td>原則戸籍名を使うが、病気や障害を根拠にして通称名使用の希望を申請した場合には、これを許可している。2010年３月から適用。</td><td rowspan="5">「Letibee Life」「[トランスジェンダーと大学] 通称名が使えるか都内６大学に聞いてみた！」2016年３月13日（http://life.letibee.com/transgender-6-universities/）</td></tr>
<tr><td>早稲田大学</td><td>本人から申し出があった場合、必要書類を提出し、通称名の使用を許可する。2000年３月から運用。</td></tr>
<tr><td>慶應義塾大学</td><td>2004年度から、性同一性障害者の通称名使用希望について、本人と保証人連署の「呼称名使用申請書」と診断書の提出によって認めている。履修者名簿や学生証（学内向け）には通称を使用、卒業証書や対外的証明書には戸籍名を使用する。</td></tr>
<tr><td>明治大学</td><td>LGBT の学生が通称名を使いたい場合には大学として許可。</td></tr>
<tr><td>法政大学</td><td>本人の申請があれば、教学機関の意思決定を経ることで戸籍上氏名とは異なる通称名を使用することが可能なように学内取り扱い基準が定められている。通称名の使用範囲は、学生証、大学発行の証明書、学位記など。</td></tr>
<tr><td>京都大学</td><td>2015年６月６日「学籍及び学位記等に記載する学生の氏名に関する申合せ」が教育研究評議会で改訂され、学籍や学位記、各種証明書に記載する氏名として通称氏名の使用が認められるようになった。性同一性障害の学生への対応を視野に入れたもの。改訂後の申し合わせは５月26日から実施。</td><td>「京都大学新聞」2015年６月16日付（http://www.kyoto-up.org/archives/2227）</td></tr>
<tr><td>一橋大学</td><td>（支援例）「性同一性障害…学生名簿に登録する名前　他」</td><td>障害学生支援室リーフレット</td></tr>
<tr><td>日本学生支援機構</td><td>（精神障害配慮事例３）性同一性障害者への配慮事例
１、学籍は戸籍に登録されている本名とするが、授業などでは通称名の使用を許可した。
２、女性の服装の着用は認める。
３、多目的トイレを使用してもらう。
その他：入学後に本人と担任が協議して、クラスメートに開示した。また、所属教育組織の会議でも開示して同様の配慮を求めた。</td><td>『教職員のための障害学生修学支援ガイド（平成26年度改訂版）』日本学生支援機構学生生活部障害学生支援課、2015年（http://www.jasso.go.jp/gakusei/tokubetsu_shien/guide_kyouzai/guide/jirei/seishin.html）</td></tr>
</table>

れていない。これまで、日本の女子校・女子大のほとんどが、慣例にしたがって、「女子」の定義を「戸籍上の女性」と解釈してきた。しかし、女子大に限らず、一般に大学では、出願書類・入学願書・在籍時の各種書類に戸籍謄本などを提出させることはない。「女子」という性別の判断根拠は、入学願書の氏名や高校調査書の記載事項にもとづいているにすぎない。明らかな男性名である場合などに本人に個別に戸籍上の性別を確認した事例はあるようだが、名前にもとづく判断はきわめて恣意的にならざるをえない。最近、名付けが多様化し、名前での性別判断は著しく困難になっているうえ、名前の変更は法的性別変更とは別の手続きで二十歳以前におこなうことができるからである。

男性という戸籍上の性別を変更できないまま、女性という性自認にしたがって高校まで学校生活を保障されているにもかかわらず、女子大に進学できないとしたら、それは学ぶ権利の侵害となるのではないだろうか。女子大では、共学校とは異なるカリキュラムが用意されていて、しばしば、ジェンダーやセクシュアリティに関する授業が豊富に用意されている。トランスジェンダー／トランスセクシュアルの生徒がそのような大学で学びたいとすれば、その権利を保障することには積極的理由がある。

在籍保障

在籍保障としては、次のような二つのケースが想定できる。

第一は、インターセックスの場合である。たとえば、『境界を生きる』(7)で紹介されているのは、戸籍欄空欄のまま「女子」として育てられた者が、中・高一貫の女子校に入学したあと、中学時点で戸籍を「男性」に決定した事例である。この者は、ＸＸとＸＹが混在する「モザイク型」の性分化疾患であり、精巣と卵巣の両方をもっていた。戸籍変更時に学校側は在籍に難色を示したが、在籍は認められ、付属高校に進学した。高校在学中にガン化の恐れがあるとして卵巣を取り去り、ホルモン治療をおこなうことになって身体は男性化した。しかし、学校が「男性化の抑制」を要望したため、ホルモン投与量を抑えて在籍したという。本人の性自認は「男性と女性の中間」である。同事例は、障害者差別解消法施行や文科省通知・同周知資料が出される前の事例であるため学校の個別的配慮事例となっているが、現時点であれば、障害者差別解消法にもとづいて疾病（性分化疾患）による差別的処遇は認められず、文科省通知などにしたがって学校には在籍を保障する責務があると解されることになるだろう。

第二の事例として想定できるのが、女子大に入学したトランスセクシュアルの処遇である。入学時点で戸籍上の性別が「女性」だった者が、二十歳になった時点で戸籍上の性別を「男性」に変更した場合、女子大を退学しなければならないのだろうか。ＦＴＭ（生まれたときの性別が女性で性自認が男性の者）が女子大に入学することはないという考え方は偏見である。女子大が性的マイノリティにとっての「安全空間」であり、学びたいジェンダー／セクシュアリティ関連科目が充実していることを考慮して、あえて女子大を選ぶＦＴＭも存在する（本書の髙橋裕子「第8章　トランスジェンダーの学生受け入れとアメリカの名門女子大学――もう一つの「共学」論争後のアドミッションポリシー」を参照）。実際にいくつかの女子大では、在籍するＦＴＭからの相談事例があると聞く。障害者差別解消法施行にもとづいて編集・公表された日本学生支援機構『教職員のための障害学生修学支援ガイド（平成二十六年度改訂版）』では、「性同一性障害」は「精神障害」の一例として取り上げられている（表2を参照）。先に述べたように、トランスセクシュアルは「障害」ではない。しかし、トランスセクシュアルを含むLGBTI全体を「社会的障壁によって差別を受ける者への支援」という文脈で十分に支援することは教育機関の責務となるだろう。

3　性的指向の自由の尊重

アウティングの禁止

二〇一六年八月、ある国立大学法人が提訴された。同大学のロースクールに在籍するゲイの院生が学内で転落死した事件につき、大学と相手院生に対して三百万円の損害賠償が請求されたのである。大学と相手院生は責任を認めていない。悲劇の発端は、アウティング（暴露行為）である。

二〇一五年春、院生Xは、同級生Yに好意を告白したが（カミングアウト）、断られた。三カ月後の六月末、Yは、Xを含む十人の仲間で作っている「ライン」にXがゲイであることを暴露した（アウティング）。その後、Xは体調を崩して心療内科を受診し、大学のハラスメント相談室にも相談していた。八月上旬、Xは、必修授業でのYとの同席が苦痛で身体が硬直し、嘔吐して保健管理センターに運ばれた。大学側は同性愛と性同一性障害を混同して対応した。Xが服用していた薬には衝動的行動をとりうるという副作用があったが、大学はそれを十分に把握していなかった。Ｘは、八月末、必修授業中にパニック発作を起こして保健管理センターを訪れたあと、校舎六階のベランダから転落死した。

アウティングは、明確なハラスメント行為（セクシュアルハラスメント）である。これを、異性間に見られる個人的な恋愛トラブルと同一視してはならない。異性愛は「自然」とされてそれ自体は差別や揶揄の対象にならないのに対し、同性愛は「異常／病気」とされて排除／抑圧されてきた歴史的背景があるからである。(8) したがって、教育機関ではアウティングの重大性を学内に十分に周知させてこれを厳しく禁じ、被害相談があった場合には、加害者を厳正に処分・指導しなければならない。

また、Ｘの事件時にはまだ法制度が整備されていなかったが、二〇一六年四月以降、国公立大学に対して障害がある学生への支援（合理的配慮）が法的義務とされた。「パニック障害」は同法が対応すべき「不安性障害（精神障害）」の一つとされ、支援申請があれば、大学には適切な支援をおこなう義務が生じることになる。(9)

ハラスメントの防止

同性に対するハラスメントは、男女雇用機会均等法のガイドライン改正（二〇一四年）で盛り込まれるようになった。しかし、大学での取り組みはきわめて遅れている（本書の隠岐さや香「第６章　日本の大学での性的少数者に関する調査結果」と河嶋静代「第７章　大学での性的指向と性自認が非典型の学生支援の課題」を参照)。大学でのハラスメント防止のガイドラインやリーフレットなどに、LGBTIに対するハラスメント禁止を明言することが望まれる。また、ハラスメントや偏見を防止するために、教職員や学生を対象とした研修を開催し、研修を受けることを義務化するべきである。学生の下宿先やアルバイト先などでの差別や偏見を防止するためにも、このような啓発研修に地域住民の参加を図ることが望ましい。

4　今後の展望——五つの課題

教育でのLGBTIの権利保障を考えるとき、主な課題は以下の五つである。①「学ぶ権利」の包括的保障、②教職員・研究者の権利保障、③性教育の早期実施、④啓発研修の義務化、⑤LGBTIの包括的な権利保障のための根拠法の整備、である。

「学ぶ権利」の包括的保障

入学・在籍・修学のすべてにわたる「学ぶ権利」の保障は、初等・中等教育から高等教育まですべての教育機関で包括的に保障されるべきである。権利保障にあたっては、以下の点が特に配慮すべき事項である(本書の第7章と第8章を参照)。

・性別記載欄の必要性を見直し、可能な限り、それを削除すること。

・通称名使用を最大限に認めること。卒業証書や学位記、対外的な証明書を含め、教育機関が発行する書類については、本人の意向を尊重し、不利益が及ばないように配慮する必要がある。
・性的指向や性別違和、性分化疾患など性に関わる特徴が「いじめ（ハラスメント）」被害を含め、何らかの修学上の困難を引き起こしている場合に適切な対応ができるよう相談・支援体制を整えること。その際、医療機関とも連携を図ることが望ましい（本書の第2章と巻末資料3を参照）。
・体育や健康診断、トイレや更衣室の使用、制服や服装、髪形など、学校生活に関わる「困りごと」について、本人の希望を尊重しながら、適切な対応を図ること。
・女子や男子など性別を特定した学校・大学に関して、受験・入学許可にあたっては本人の性自認を戸籍上の性別と同等に尊重すること。また、いったん入学した児童・生徒や学生に対しては性別変更・性別決定にかかわらず卒業まで在籍を保障すること。

教職員・研究者の権利保障

教育・研究機関では、ＬＧＢＴＩ児童・生徒・学生の権利保障と同時に、教職員・研究者の権利保障も図る必要がある（本書の岩本健良「第5章　教員採用試験での適性検査ＭＭＰＩの見直しの必要性」と第6章を参照）。その際、以下の二点が重要である。

第一に、教職員も一個人として、性的指向の自由を尊重され、性自認に即した服装や振る舞いを保障される権利をもつ。これを「教職員にふさわしくない」として学校側や児童・生徒・学生あるいは保護者が批判・揶揄した場合、ＬＧＢＴＩ児童・生徒・学生の存在を否定することにつながり、彼らに大きな動揺を与えかねない。むしろ、ＬＧＢＴＩ教職員がＬＧＢＴＩ児童・生徒・学生の身近なロールモデルとして活躍できる環境を整備することが望ましい。

第二に、婚姻の性中立化（いわゆる同性婚の承認）が欧米で急速に進んでいる今日の状況に照らせば、研究者の国際交流にあたってＬＧＢＴＩの権利保障は喫緊の課題である。それには、ＬＧＢＴＩ研究者が自由に研究テーマを設定できる環境整備やハラスメント言動禁止の徹底などが含まれる。ＬＧＢＴＩ当事者による研究の進展は、ＬＧＢＴＩ教育に関する情報・データの充実や教育環境整備にも大いに寄与するだろう。

セクシュアリティ／性に関する早期教育の必要性

二〇一七年度使用の高校教科書（公民・家庭科）の一部に、初めて「ＬＧＢＴ」という語が登場するという。今後は関連教科のすべての教科書でＬＧＢＴＩを取り上げることが望ましい。特に求められるのは、小学校の早い時点から「性の多様性」に関する教育をおこなうことである（本書の渡辺大輔「第4章「性の多様性」教育の方法と課題」を参照）。

日本の性教育は、欧米諸国と比べてきわめて不十分である。戦後日本で長く「性教育」は「純潔教育」と見なされてきた歴史が反映されている[10]。一九九二年になってようやく、「性教育＝純潔教育」の図式は転換した（「性教育元年」）。同年、新学習指導要領が施行され、小学校五年の理科の学習内容に「人の発生や成長」が入り、小学校に新科目「保健」が加わった。その背景にあったのは、八〇年代後半に日本でも生じたいわゆる「エイズパニック[11]」である。「エイズパニック」はＨＩＶ

（エイズウイルス）に対する誤解と偏見に満ちたものであり、特に男性同性愛者への悪意に満ちた偏見を強めた。[12]そのような負の側面はあったが、九〇年代には、小学生や障害がある児童・生徒に性についてわかりやすく教えるために、人形を使う（七生養護学校）などの工夫がなされた。しかし、二十一世紀になり「性教育バッシング」が高まっている。それまで教育界で高い評価を受けていた七生養護学校の障害児向け性教育が批判され、校長らが処分された事件（二〇〇三年。一〇年の高等裁判所判決で学校側が勝訴）は、そのようなバッシングの典型といえるだろう。[13]

啓発研修の義務化

ＬＧＢＴＩに関する啓発研修を義務化する必要がある。それによってＬＧＢＴＩに対する差別や偏見をなくし、ＬＧＢＴＩ当事者に自信や将来展望を抱かせることができる。研修対象者とするべきは、教職員、児童・生徒・学生、地域住民である。学校・大学と地域社会が一体となって「共生社会」を作り上げる必要がある。効果的な研修としては、次のような例が考えられる。

第一に、生徒と地域住民の双方に対する啓発研修の方法として、生徒の参加はきわめて効果的だろう。生徒は「教える側」に立つことによって多くのことを学ぶ。質問に答えるためにさまざまな関連事項を調べるはずである。他方、地域住民も生徒との交流のなかで、議論を通して考えることができる（本書の岸田英之「第1章 生徒による取り組みの紹介――丹原東中学校の実践から」を参照）。

第二に、かなりの学校や大学ですでに取り組み例があるが、当事者を呼んで体験談を語ってもらうのも非常に有意義である。悩みや不安を「生の声」で聞くことは「アライ」（ＬＧＢＴＩの支援

表3　ワーク・ウィズ・プライド

（1）認定の指標（5項目）
①性的指向と性自認による差別をしないと宣言しているか。
②相談窓口の整備など意見を言える機会を提供しているか。
③研修など理解促進に取り組んでいるか。
④同性パートナーにも適用する人事制度があるか。
⑤心と体の性が一致しないトランスジェンダーへのサポート体制を整えているか。

（2）第1回「ゴールド」受賞企業例（2016年）
2016年10月に「ゴールド」を受賞した企業は53社、主なものは以下のとおり。
・ソニーグループ
・野村証券
・オムロン
・ゴールドマン・サックス
・J.P. モルガン
・みずほフィナンシャルグループ
・ドイツ銀行グループ

者）を増やすことにつながる。一方、悩みや不安を克服するロールモデルに接することは、何より当事者を勇気づける（本書の薬師実芳「第3章　多様な性をもつ子どもの現状と教育現場で求められる対応について」を参照）。

　第三に、自治体や企業の先進的な取り組み例を紹介することも効果が高い。現在、性的指向にもとづく差別を禁じるオリンピック憲章にのっとって、東京開催を控えた日本でも同性カップルに対する権利保障が進みつつある。たとえば、二〇一五年四月以降、東京都渋谷区や世田谷区、兵庫県宝塚市などで「同性パートナーシップ証明書」が発行されるようになった(14)。欧米諸国で進んでいる「婚姻の性中立化」（同性婚の承認）も早急に認めるべきである。同性婚を認めることによって婚姻秩序が崩壊する事実は証明されておらず、同性婚の承認は誰の利益も侵害しないからである。このような国内外の取り組みを知ることは、LGBTI当事者に将来への希望を抱かせる。

　一方、外資系企業などを中心に、同性パートナーを配偶者と同等に扱う企業も登場している。L

ＧＢＴＩの支援に取り組む二団体と国際人権団体ヒューマン・ライツ・ウォッチ、日本ＩＢＭで作る任意団体ワーク・ウィズ・プライドが企業と協力し、二〇一六年六月に、ＬＧＢＴＩ支援に取り組んでいるかどうかについての指標を策定した。評価はゴールドとシルバー、ブロンズの三段階で、企業は認定されたことを示すロゴを広告や求人の際に使えるようになる。同年十月、初の授賞式がおこなわれた（表3を参照）。ＬＧＢＴＩ支援が企業や社会を活性化することをリアルに知ることは、当事者以外の人々にＬＧＢＴＩ権利保障の意義を納得させることにつながる。[15]

根拠法の整備

二〇一六年、自民党がＬＧＢＴ理解増進法案をまとめた。他方、民進党などの野党も協力してＳＯＧＩ差別解消法を国会に提出した。しかし、いずれもそれ以上は進んでいない（本書の谷口洋幸「コラム１　ＬＧＢＴ／ＳＯＧＩに関する包括的な法整備の必要性」を参照）。「修学支援」「入学保障」「在籍保障」の三面にわたってＬＧＢＴＩの「学ぶ権利」を包括的に保障するためには、ＬＧＢＴＩの権利保障を定める根拠法が必要である。今後の議論の進展とすみやかな立法が望まれる。本書がそのための一助になれば幸いである。

注

（１）たとえば、性染色体の場合、「Ｘ」（女性型となるターナー症候群など）や「ＸＸＹ」（男性型となるクラインフェルター症候群など）があり、「XX」と「XY」の細胞が混在する「モザイク型」もある。内性器と外性器の組み合わせも一様ではない。ヒトの場合、受精後二週間は「性的両能期」と呼ばれ、母胎でのホルモン受容の影響で男女どちらかの性に分化する。その際、男女いずれかの性別に分化せず、卵巣と精巣の両方をもつ場合や卵巣とペニスをもつ場合などが生じる。

（2）マルタがヨーロッパで最先端のLGBTI保障国として評価されるのは、本人の意志にもとづかないインターセックスの身体変更を禁じる法律を制定したからである（二〇一五年）。国際的に最も包括的といわれる「ジョグジャカルタ原則」（二〇〇六年）にも同様の条項がある。三成美保編著『同性愛をめぐる歴史と法――尊厳としてのセクシュアリティ』（〔世界人権問題叢書〕、明石書店、二〇一五年）、特に「はじめに」（三成美保）を参照。

（3）電通総研調査（二〇一二年、二〇一五年）

（4）MTFに性別適合手術を実施した医師を有罪とする判決が出され（ブルーボーイ事件。一九六九年に地方裁判所判決、七〇年に高等裁判所判決）、日本国内では性別適合手術をおこなえなくなって、トランスセクシュアルの権利は著しく阻害された。手術の解禁は九七年である。「性同一性障害者」の権利保障が超党派で精力的に進められたのは、このような経緯にもとづく。

（5）二〇一五年時点での日本の大学（四年制以上）総数は七百七十九校、うち女子大学は七十七校である。一方、短期大学は三百四十六校存在する。四年制女子大学には、国立女子大学二校（お茶の水女子大学と奈良女子大学）、公立大学二校（群馬県立女子大学と福岡女子大学）が含まれる（武庫川女子大学教育研究所による調査〔http://www.mukogawa-u.ac.jp/~kyoken/02.pdf〕［二〇一七年四月一日アクセス］）。

（6）「自殺総合対策大綱――誰も自殺に追い込まれることのない社会の実現を目指して」二〇一二年八

月二十八日閣議決定（http://www.mhlw.go.jp/file/06-Seisakujouhou-12200000-Shakaiengokyokushougaihokenfukushibu/honbun.pdf）［二〇一七年四月一日アクセス］

（7）毎日新聞「境界を生きる」取材班『境界を生きる――性と生のはざまで』毎日新聞社、二〇一三年、三〇ページ以下

（8）前掲『同性愛をめぐる歴史と法』

（9）『教職員のための障害学生修学支援ガイド（平成二十六年度改訂版）』日本学生支援機構学生生活部障害学生支援課、二〇一五年（http://www.jasso.go.jp/gakusei/tokubetsu_shien/guide_kyouzai/guide/jirei/seishin.html）［二〇一七年四月一日アクセス］

（10）戦後日本では、公娼制廃止に伴って売春防止法が制定され（一九五六年）、性教育としては「純潔教育」が徹底された。一九四七年から六一年には文部省純潔教育委員会（一九四九年に社会教育審議会純潔教育分科審議会に改称）が活動し、七二年には文部省社会教育局長裁定「純潔教育と性教育との関係について」のなかで「純潔教育と性教育とが同義語である」という見解が示された。以下の年表も参照。「[性教育．ネット]日本の性教育の歴史年表」（http://www.seikyouiku.net/chronology/index.html）［二〇一七年四月一日アクセス］

（11）エイズ／ＨＩＶは、一九八一年にアメリカで初めて症例が報告され、日本では一九八六年に罹患者が報告された。

（12）橋本紀子監修『こんなに違う！世界の性教育』（メディアファクトリー新書）、メディアファクトリー、二〇一一年、五ページ、浅井春夫／北村邦夫／橋本紀子／村瀬幸治編著『ジェンダーフリー・性教育バッシング――ここが知りたい五十のＱ＆Ａ』大月書店、二〇〇三年、一三六ページ

（13）児玉勇二『性教育裁判――七生養護学校事件が残したもの』（岩波ブックレット）、岩波書店、二〇

〇九年

(14)この証明書には法的効力はないが、共同生活を証明するものとして、公営住宅の申し込みなどで配慮される。二宮周平「日本における同性パートナーシップと同性婚——その意義、必要性とリスク」、日本ジェンダー学会編集委員会編「日本ジェンダー研究」第十九号、日本ジェンダー学会、二〇一六年

(15)企業の取り組みなどについては、三成美保編『LGBTIの雇用と労働(仮題)』(晃洋書房、二〇一七年刊行予定)を参照。

第1部

学校教育でのＬＧＢＴＩの権利保障

第1章

生徒による取り組みの紹介

——丹原東中学校の実践から

岸田英之

はじめに

丹原東中学校は、愛媛県の東部、道前平野の中央を流れる中山川中流域に広がる高縄山系の扇状地の中央に位置している。西条市は地下水が豊富で、全国名水百選にも入っている。その清らかな水と穏やかな気候に恵まれた校区は、見渡すかぎりの農耕地が広がっている。また、「地産地消」をスローガンに、ここでとれる米や野菜や花を集めた地域の農家が経営する市場は、地域住民の期待と関心を集め、にぎわいをみせている。中学校区は丹原・田野・徳田・田滝の四つの小学校区からなっていて、緑豊かな自然に恵まれたすばらしい教育環境のなかで、日々、教育活動を実践している。

現在、本校は生徒数二百六十一人、学級数十（特別支援学級三を含む）、通級指導教室数一、教職員数二十四人の中規模校である。教育目標「心豊かにたくましく生きる生徒の育成」を具現化するために、「学びを保障する授業」「生徒とともに歩む教師」「ともに学びあう生徒」を学校が目指す三本柱とし、学力保障、人権教育・特別支援教育、望ましい集団づくりをおこないながら、共生教育を推進している。保護者の学校に寄せる関心と期待はたいへん大きく、学校行事やPTA活動などの運営に対しても協力的で教育熱心である。

性的マイノリティの人権課題に関する取り組みは、二〇一四年度と一五年度の「文部科学省人権教育研究校」に指定されたことから、校長の強い意向で始まった。以下にその実践を述べる。

1　研究主題と設定の理由

「人間の多様性を尊重し、同和問題をはじめとする様々な人権問題の解決に向けて、ともに学びあい行動する生徒の育成」

本校は穏やかで素直な生徒がほとんどである。生活態度も真面目で、その多くが周りの人の気持ちを考えて行動し、優しい心をもって進んで周囲と協調していこうとする。しかし問題点に直面した際には、それを解決するために主体的に行動しようという意欲に欠ける者もいる。普段の生活やアンケート調査でも、人間関係の構築に悩む姿や自己肯定感の低さから生まれる消極的な言動がみられることもある。

そこで、本校では文部科学省の「人権教育の指導方法等の在り方について［第三次とりまとめ］」の趣旨をふまえて、人権に対する知的理解を深めるとともに、さまざまな交流体験を意図的に取り入れながら、人間の尊厳の尊重、自他の人権の尊重を図る取り組みをおこなってきた。そのなかでも特に、人の多様性に目を向け、全人口の約七・六％存在する（電通ダイバーシティ・ラボ「LGBT調査二〇一五」、二〇一五年四月二十三日発表）という「性的マイノリティ」の人権を主題に取り上げ、それに対する肯定的評価と、差別に苦しむ人たちのために生徒たちが主体的に活動しようとする意欲を高めることに焦点を当てて研究実践をおこなうことにした。また、生徒たちが学んだことを友達や家族、地域に伝えていくことで学びに対する自信が生まれ、人権を尊重するために積極的に行動できる生徒が育つと考えた。そして、それらの活動を通して、人権感覚に深く関わってくるコミュニケーション力、偏見や差別を見極める目、違いを認めて受容できる豊かな人間性などが身につき磨かれていくと考え、本主題を設定した。

2　研究の内容と方法

この研究主題を実現するための組織として、校長の指導のもとに研修主任をリーダーとした研究推進委員会をおき、その下に授業改善部会と集団づくり部会、地域連携部会の三部会を設置して研究を進めてきた。

授業改善部会

学び合い教え合う学習活動のあり方の研究をテーマに以下の方法で進めた。

- 人権が尊重される「学びあい学習」の展開
- 「学びあい学習」の理念にもとづいた授業改善、研究授業の推進
- 「学びあい学習」の理念を生かした人権問題の解決に迫る授業実践

・人権が尊重される授業づくりを目指した評価表の作成と活用
・人間の多様性のなかでも特に「性的マイノリティ」の人権問題について考える授業実践

集団づくり部会

支え合いつながり合う仲間づくりのあり方の研究として次の方法で取り組んだ。
・教師・生徒を対象にした現地研修や交流学習会の推進
・人権尊重の精神に立ち、行動する生徒を育てる人権劇、生徒集会づくり

地域連携部会

家庭・地域との連携と、啓発活動のあり方の研究を目指して以下の内容に取り組んだ。
・地域連携部だより「つながり」の発行による啓発活動
・人権・同和教育講演会の計画と実践
・公民館主催の地区別人権・同和教育懇談会への生徒の参加
・人権啓発ポスターの制作と地域への掲示依頼

3　研究実践

学び合い、教え合う学習活動のあり方の研究（授業改善部会）

人権が尊重される学習活動を推進するにあたって、「第三次とりまとめ」の「人権が尊重される授業づくりの視点例」を参考に、「学びあい学習」に取り組んだ。「学びあい学習」では、どの生徒も一人にしない授業づくりを目指して、全教科で学習形態（ペア学習、グループ学習）を工夫した場面を必ず一時間に一回は取り入れた授業を展開してきた。全教職員による年一回の公開授業と授業研究の実施と並行して、スーパー・バイザーによる指導を受けながら研究・実践を進めてきた。

「学びあい学習」で考慮した点は、

・結果にこだわらず、個々の思考過程や学習過程を認め、励ます
・一人ひとりが活躍する場の設定を工夫する
・自分の考えを一人ひとりが表現できる場を確保する
・ともに学ぶ喜びを体験できるよう、ペアやグループの学習形態を取り入れる
・自分の思いが表現できるように、多様な表現例を提示する

などである。

また、「学びあい学習」の授業研究では、以下の三つの論点について協議した。

論点１：子ども一人ひとりの学びを保障する
論点２：どこで学びが成立し、どこで学びがつまずいていたか（対象との対話、他者との対話、自己との対話の三つが、子どもたちの思考をより深める学びにつながったかを省察）
論点３：教科の壁を超えて「対話」と「協同」の質を問い直す

これらの授業実践と授業研究を重ねていき、教師同士が心を通わせて切磋琢磨しながら、目の前の生徒たちが「確かな学力」を育むことを目指してきた。

この取り組みを通して、「第三次とりまとめ」の「人権教育の視点からの学校づくりと学力向上」が指摘しているように、学校全体として、一人ひとりを大切にし、個に応じた目的意識がある学習指導に取り組むことで、学ぶことの楽しさを体験させて、望ましい人間関係などを培い、学習意欲の向上を図ることができた。

「学びあい学習」の基本的学習形態は、机を教室内にコの字型に配置して、級友が考えている姿、発表している姿がいつも見える状態で授業をおこなうものである。「いじめを許さぬ強さについて考えさせる授業」では、導入としてクラスの実態をアンケート結果で発表し、どのクラスにも実際に悲しい思いをしている人がいることを前提にして資料の内容に入った。小集団で意見を交換し、班の意見を代表が発表する場を展開の後段で設定した。自分自身を振り返る活動は個人でおこない、多様な価値観のなかで自分はどうなのかを見つめる時間をとった。以下はこの授業後の生徒の感想である。

「自分の生活を見直してみると、いじめを見ているだけだったり、止められなかったりしたことがあった。あとから悔やんで自分がつらい思いや苦しい思いをするから、今後はそういうことはやめたい」

「もしかしたら自分の周りの人がいじめられているかもしれないと考えたとき、自分は本当に「やめよう」と注意できるかが不安になった。しかし勇気を出して注意したい。見ているだけではだめだ」

「私はいじめられている人を前にして、見て見ぬふりをしていた。その人の気持ちなんて考えたことがなかった。次にいじめを見つけたら助けると決めた」

　この授業では、つらい立場にある仲間が実際に学級にいるという調査を導入として扱ったことで生徒の意見に遠慮が生じないように、いまから考えることはあくまでも資料について話し合うことだという姿勢をもって授業をおこなった。追体験しやすい資料だったために、中心発問で主人公の正義感や良心が自己保身の気持ちを超えて湧き上がってきたことに、ほとんどの生徒が感動し、共感することができた。生徒の感想からもわかるように、子どもたちは真剣に自分の考えをまとめ、それを仲間に伝えたいという気持ちではっきりと自分の言葉で発表することができていた。

　また、集団で人権尊重の精神を向上させるために授業方法を工夫して、道徳を学年全体で学ぶ取り組み（全体学習）をおこなった。そのような特別な場を設定することで大切な学習を学年全員でおこなっているという連帯感を生むことができ、学年全員のなかで自分の意見を発表する勇気を育てていくことで差別に対する正しい行動へとつなげていこうとする見通しもある。生徒は学級で学習するよりも、たくさんの友達の意見が聞けることをこの全体学習の魅力と考えている。全体学習後に生徒は次の感想を書いた。

今日の全体学習は「性的マイノリティの人権」についてでした。性的マイノリティという言葉は最近よく聞くようになりました。「性の視点から見た少数者」という意味だそうです。その中には「同性愛」や「性別違和」などがあります。当事者の中にはどうしても「人には知られたくない」という気持ちから、そのことを隠して生きている人は大勢いると思います。でも性的マイノリティの当事者たちがおかしいとか、普通じゃないとか、私は全く思いません。十人十色という言葉のように、人間は様々な人がいるし、「普通」なんて人それぞれに基準が違うので、もっと堂々としていたって別にいいと思います。自分自身を出せないで、ありのままに生活できない方がおかしいと思います。そのことで私は差別やいじめをしようなんて思いません。

この感想からもわかるように、性的マイノリティ（性別違和）の当事者の心情や生き方に迫る授業はこれが初めてだったが、生徒は明るい展望に立って学習することができていた。多目的ホールで学年の生徒全員を全体学習（コの字型）の形態にすることで、この人権課題を自分たちの集団の力で解決しなければならないという意識が生まれてきた。映像資料を文字に起こし、映像と活字を使ったことで、生徒の理解をより深めることができたと考える。

これらの授業を実践するにあたって、全国でも類を見ない取り組みだったため、教師は積極的に研修を積み重ね、教材を一つひとつ自分たちの手で作り上げてきた。

二〇〇三年、性同一性障害の性別の取り扱いの特例に関する法律が議員立法によって制定され、一〇年に文科省では「児童生徒が抱える問題に対しての教育相談の徹底について」を発表し、性同一性障害に関わる生徒についての配慮と対応を学校側に要請した。続いて一五年四月三十日「性同一性障害に係る児童生徒に対するきめ細かな対応の実施等について」通知が出され、「この中では、悩みや不安を受け止める必要性は、性同一性障害に係る児童生徒だけでなく、いわゆる「性的マイノリティ」とされる児童生徒全般に共通するものであることを明らかにした」とある。そこには、個に対するきめ細やかな対応が述べられている。また、愛媛県では「愛媛県人権施策推進基本方針」で「重要課題への対応」として「性的マイノリティ」が取り上げられていて、私たち一人ひとりが正しい理解や認識を深めることや、学校で当事者や保護者の思いを受け止めた対応の必要性を説いている。通知にあるように、教師や関係機関の対応はもちろんだが、実際に苦しんでいる生徒にとってみれば、日常生活の母体になる学級と学年、学校のすべての生徒・教師が受容者になることが必要不可欠である。そこまで広がった受容の輪をさらに地域に広げていくことも学校の使命だと考える。このような使命感にしたがって、本校では一四年度から、人間の多様性を認め、一人ひとりの人権が尊重される学校づくりを目指して授業実践をおこなってきた。性的少数者などのマイノリティの人権についての学習を通して、人間の多様性を学び、自己存在感・自己肯定感を育て、生徒同士のよりよいつながりを作っていくことを目指した。そのつながりによって差別を許さないという意志の強さと、そのために自分はどうすべきかという行動化への積極性を養い、さまざまな人権問題を自分たちの手で解決していこうとする生徒の育成を図りたいと考え、これまで授業実践を重ねてきた。

二〇一四年度は、教師が「性的マイノリティ」の人権課題について知識を共有することから始めた。研修職員会で関連書籍や先進校の取り組みを紹介しながら、互いに意見や感想を述べ合うことで疑問を解決し、共通理解を図ってきた。持ち寄った資料を検討して、生徒が理解しやすく受け入れやすいものから順に授業で扱うことにした。授業後に生徒の反応などを話し合うことで、他のクラスで扱うときの工夫点や他の学年で扱う場合の配慮事項などを見つけていった。この進め方によって、扱う内容の軽重はあるにせよ、全学年の学習内容をそろえることができた。ただし、四月当初に立案した道徳年間指導計画を部分的に修正する必要があった。

二〇一五年度は、学習の進度がそろっている二・三年生と、学習をスタートさせる一年生が対象だったため、発達段階を考慮した系統的な学習ができるように道徳年間指導計画を見直してから学習を進めた。二年生は前年度の学びを確認して、「性的マイノリティ」の人権を守るために、自分はどう行動するかに視点を当てて学習をさらに進め、三年生は前年度の学びを確認したあと、同和問題をはじめとするさまざまな人権問題に目を向け、差別を解消する行動者としての力を身につけていくことに重点をおいた。一年生は前年度の実践を生かしながら、多様な性、性別違和へと系統的に学習を進めてきた。

教材の精選を図るうえで気をつけたことは、発達段階に見合ったものであること、同じねらいの資料の場合は生徒の生活から離れすぎず、よりわかりやすい内容のものを取り上げることである。

授業の導入では、これまで学んだ知識を再確認する時間をもつことを試みた。また二〇一六年度に特に力を入れたことは、「自分には何ができるか」という振り返りの時間の確保である。学びが自分の生活や行動につながっていくように、じっくりと考えさせる場を設定した。

最近、性的マイノリティの人権に関して数多くの新しい資料を目にする機会が増えている。今後は、これまでの授業実践を生かしながら、ねらいに即した価値が高い資料を取り入れ、差し替えをおこなっていきたい。そして、生徒の心に強く響き、生きていくうえでの課題に気づかせる授業実践をしていくつもりである。

支え合い、つながり合う仲間づくりのあり方の研究(集団づくり部会)

人権教育をよりいっそう充実させるためにおこなう知的理解に関わる指導を、単なる知識伝達にとどまらず、生徒が肯定的に受け止めることで情緒的にもそれに共感できる主体的な学習へとつなげる必要がある。生徒が自ら活動を始めて、主体的に関わることができる体験的な学習の機会を設定することこそが、生徒の成長を確かなものに導くと考える。また、人権課題の解決に向けた実践力へとつなげていくためには、人の言動から差別を見抜く人権感覚を養うことが重要である。しかし、それは、一朝一夕に成果を上げられることではない。人権教育を通して育てたい資質や能力の全体を意識しながら、さまざまな場面や機会を生かして人権感覚を磨いていく取り組みが必要である。

「性的マイノリティの人権課題」について、これまで教育現場では、ほとんど語られてこなかった。

性を身体の性だけの男女に二分化し、「男らしく」「女らしく」という教育をつい最近まで当たり前のようにおこなってきた。一方、生徒は、性的マイノリティに関する情報のほとんどを大衆メディアから得ている。テレビの画面のなかでは、芸能人が「おかま」「オネエ」と呼ばれて笑いの対象になっていることをはじめとして、性的マイノリティが蔑視の感情を含む言葉で公然と嘲笑の対象になっていることが多く、その流れのなかで、問題意識も違和感も感じずに、笑って見ているのが私たちの現状である。

そこで「総合的な指導のためのプログラム例」を参考にしながら、学習していく場を、集団づくり部会で設定していくことにし、学習のテーマを「性的マイノリティの人権課題について」とした。活動していくなかで生徒が体験し、身につけていくことは次の六点と考えた。

1、自分が生きている価値の実感（自己についての肯定態度）
2、他者との間にある違いの自覚と尊重
3、人権侵害の歴史的・社会的背景と当事者の生き方の学習
4、さまざまな人権課題の解決に共通して必要な概念や枠組みに関する学習
5、具体的な場面での行動力の育成
6、人権が尊重される社会づくりにつながる行動力の育成

このなかで、3と4を中心におこない、それを5や6につなげていった。

手始めにまず、教師・生徒を対象にした現地研修や交流学習会を実施した。二〇一四年度に「性的マイノリティの人権課題」に取り組み始めるにあたって、私たち教師に最も必要だったことは、

当事者から実際に話を聞くこと、つまり差別の現実を学ぶことだった。そこで夏休みに、教師だけで第一回現地研修会をおこなった。教師が率先して現地で体験することで、まず自分たちの人権感覚を確かめることができる。あいまいな立場や考え方で当事者に対することは許されることではなく、指導者として生徒の発達段階を考慮しながら、実態に即して学習内容を吟味し精査することに時間をかけたかったのである。当事者と直接話したいという願いがかない、松山市の虹力《にじから》スペースを活動拠点とするレインボープライド愛媛を訪れたのは、一四年六月九日、教師五人だった。代表から話を聞き、「人権問題における性的マイノリティ」について、以下の点を確認することができた。これらを持ち帰って、翌日の職員研修で現地研修に参加していなかった教師に以下の内容を報告した。

「性的マイノリティの人権」について学ぶ理由は次の四点からである。

・五・二％（二〇一五年の電通調べでは、全人口の約七・六％）が「性的マイノリティ」の当事者で、教室に一人以上存在するという意識をもつ必要がある。
・当事者は人間としての尊厳を傷つけられていて、差別や偏見が存在している。
・「性的マイノリティの人権」について学ぶことは、現在と未来の社会のあり方を学ぶことで、さまざまな方向から社会を見つめようとする態度を養うことができる。
・学ぶことで人権問題として挙げられるあらゆる差別を解決していく力が身につく。

これまで積み重ねてきた人権・同和問題学習とは次の共通点がある。

・隠して生きることのしんどさ（たいへんさ）。人に言えない苦しみ。差別や偏見がそれを言えなくしていること。
・家族の絆さえも壊してしまうことがあること。
・無知や無理解が不幸な差別を生むこと、正しく知ることが学習のスタート地点。
学びを通して目指すべきことは以下の二点である。
・当事者が安心して来校できる土壌をもった学校、丹原東中学校を作る。
・正しい知識とたくましい行動力を身につけ、啓発と問題解決のために動ける生徒を育てる。
集団づくり部会は今後、次のように動いていく。
・現地研修を重ね、教師も生徒も正しい知識を身につけられるようにする。
・本校に当事者を招聘して学習会を開催できるように計画して運営する。
・生徒集会や人権啓発劇など、大勢に向けての表現活動を通して、生徒が実際に行動できる場の設定を図る。

これらの点を教師全体が共通認識して、以降に学習を進めていく基本とした。

これを受けて集団づくり部会では、二〇一四年度第一回講演会・交流会を夏休み期間中に実施した。この会にはレインボープライド愛媛の代表を招き、生徒二十人と教師二十人が参加した。ここで学んだことを全校生徒に対して発信していこうと、三年生の参加者が中心になって、九月に生徒総会で報告をおこなった。またこの交流会に参加した一年生の生徒は、自分の学びを人権作文にまとめて発表した。次はその一部である。

僕は講演会に参加して、性的マイノリティの問題について悩みをかかえている人に出会ったら、何の偏見もなく接することができる人になりたいと思いました。そのためには、性同一性障害や同性愛について、もっともっと正しく知ることが何より大切です。僕は「多様性を認め合う誰もが生きやすい社会」、そんな社会の一員になれるように、人権について考える機会をもち続けていきたいと思います。正しい知識をもち、間違った考えや偏見から「人権」を守り、お互いを大切にしていくことを一人一人が意識していけば、社会は変わります。

そして十月には第二回現地研修会でレインボープライド愛媛を訪問した。十四人の生徒と六人の教員で虹力スペースを訪れ、レインボープライド愛媛の性的マイノリティの当事者の六人から、差別の現実や当事者の気持ちなどさまざまな話を聞いて質問し、生徒たちの心には大きく響くものがあった。その後、参加した生徒が全校集会で現地研修の報告をおこなった。報告後には三年生から、「おかしいことはおかしいと言えるように、一歩踏み出す勇気をもちたいです。いま、私たちが学習している「性的マイノリティ」の人のことも周りの人が個性として認め、それを隠さずに暮らしていける社会を作っていかなければならないと感じました。人権について学習することは、自分自身が豊かになることだと思います」という感想が寄せられた。

二〇一五年度は、六月に第一回現地研修として、西条市総合体育大会直後の土曜日に教師十人、生徒十六人の計二十六人で虹力スペースを訪れた。参加希望者がたくさんいたが、訪問先の部屋の広さを考慮して、二・三年生を中心に前回訪問していない生徒を優先して参加者を絞った。性的マイノリティの当事者は六人の参加があり、生徒たちは元気な挨拶と自己紹介のあと、熱心に話を聞き、心に響いた言葉の一つひとつを正確にメモをとった。そして参加した生徒は、そこで学んだことや感想を、二年生は学年集会で、三年生は全校生徒が集まる場で報告した。参加者の感想には次のようなものがあった。

現地研修会に参加して、知らないことは差別なのだということが分かりました。私たちは、性は男女の二つだけだと考えがちですが、実際にはその間があり、奥深いものだと知りました。当事者の方から「変な見方をせず、一人一人が過ごしやすい時代をつくってほしい」というメッセージをいただきました。今回学んだことを理解し、人権学習を深めていきたいです。（二年生）

性的マイノリティではない私たちが無知だから、こういうことが起こるんだと思いました。自分も真摯に受け止めていきたいとは思っているけれど、無神経な発言で、近くにいる人を傷付けているのかもしれないと思いました。（三年生）

このように、生徒は無知が差別を生む大きな原因だと理解した。このことを全校生徒で共有して、これを出発点に全員で取り組んでいこうという意欲を感じた。

さらに六月中旬の日曜日に、人権・同和教育参観日を設けた。参観授業のあと、レインボープライド愛媛の代表を招いて講演会をおこなった。内容は入学して間もない一年生に性的マイノリティの基本的な事柄を伝えるもので、全校生徒と保護者約五十人が参加した。参加した保護者へのアンケートでは、自分の性に違和感を覚える人が一〇%近くいた。講演会後、教師二十人と講師との昼食会を開き、食事をしながら気軽に疑問に答えてもらう交流学習会もおこなった。

二〇一四年度の文化祭では、人権啓発劇『虹』を上演した。それまでも人権啓発劇はおこなっていたが、性的マイノリティの人権を主題にするのはこれが初めてだった。

この劇の粗筋は、「中学二年生の純子は、自分の「性」についての感じ方が人と違うことに悩んでいた。女子同士の会話、服装、指向、名前、そして女性の体に成長していく自分……。すべてに違和感をもち、人生に対して絶望感さえ抱きそうになる。そんなとき、クラスで「性的マイノリティ」についての授業がおこなわれる。純子のクラスメートの太郎には大学生の兄がいる。ある日、帰省していた兄が一通の長い手紙を残して大学に戻っていった。手紙では、自分が同性愛者であり、一人の男性を愛したことを告白していた。そこには、この告白が両親をどれほど傷つけるだろうと気遣いながらも、必死に理解を求め、自分の「性」を恥じることなく自分らしく生きていきたいという決意が綿々とつづられていたのである。太郎からその話を聞いた純子は、いままで本当の自分を隠して生活してきたことをやめて、すべてを打ち明けて自分らしく生活していくべきか悩み始めた。純子の親友・恵子は、楽しいはずの修学旅行前にもかかわらず、憂鬱そうな表情の純子に、

「悩みを打ち明けてほしい」と切り出す。そんな恵子に自分は性別違和かもしれないと語る純子。純子の気持ちをまるごと受け止めようとする恵子。「虹はいろいろな色があるから美しい。人も同じ、ともに自分らしく生きよう」。そう言って、二人は雨上がりの空を見上げて胸を張る」というものだった。

現地研修に参加した生徒の多くが、この人権啓発劇のスタッフやキャストとして関わった。現地研修で生徒たちは、自分たちが学んだ真実を人権劇を通して伝えていきたい、自分が問題解決のために動ける一人になりたいという意識をもつことができていた。「性的マイノリティ」の人権課題はまだまだ社会に浸透しておらず、劇にするにはたいへんむずかしいテーマだった。しかし、文化祭は生徒の学びを地域に発信する絶好の機会であり、人権啓発劇の上演は、そこに関わった生徒、その劇を鑑賞した生徒、そして集まった保護者や地域住民が一つになって、同じ場で同じ学びができる貴重な機会である。上演にいたるまで時間との戦いだったが、劇に携わる生徒の意欲に支えられて何とか完成させることができた。この劇は、キャストとして出演した生徒十三人、スタッフ二十六人、合計三十九人の三年生（学年生徒の三分の一以上）が作り上げたものである。生徒たちの努力と熱意は見事に実を結び、劇は大成功のうちに幕を下ろした。フィナーレには、自分たちが差別解消のために動く主体者であることを確認するために、生徒全員がステージとステージ下に集まって並び、生徒が作詞したテーマ曲「虹色のあした」を合唱した。

劇を観た生徒からは「今年の人権劇はいろいろと考えさせられるものだったと思います。性別違和の人たちが普段どんな苦しみをかかえながら生活しているのか、また、同性愛者が家族に打ち明けるときにどんな気持ちを伝えるのかなど、感情のこもった演技から伝わってきました。人と違うから偏見の眼で見るのではなく、その人に寄り添って一緒に苦しみを乗り越えようとする心を持った人が増えなければ、みんなが安心して過ごせる社会にはならないと思いました。私もさまざまな考えを頭から否定せず、柔軟に考えられる人になりたいです」など多くの好意的な感想が寄せられた。

二〇一五年度の人権啓発劇は、一四年度の『虹』のその後を描いた『虹色のあした』を上演した。これは、西条市が毎年地域別に集会所や公民館で実施している地区別人権・同和教育懇談会に生徒が参加して、保護者や地域の人に性的マイノリティの人権課題についての学習成果を発表するプロジェクトチームの活動を軸に、性別違和で悩む主人公と家族の戸惑いや、理解までの心の変遷を描いたものである。人権劇の制作スタッフの募集を待ちかねていた三年生十六人がキャスト、十九人がスタッフとしての参加を申し出た。シナリオの完成を待って、劇の練習を開始した。九月はシナリオの読み合わせをし、十月からは実際に舞台に立って演じる練習をした。十一月の本番に向けて、自分たちが伝えたいことを観客にしっかりと伝えられるように練習を積み重ねた。フィナーレで全校生徒が歌う合唱曲は、この劇のために生徒自身が作詞して教師が曲をつけたオリジナル曲「虹色のあした」である。全校生徒で歌い上げた「虹色のあした」は大きな感動を呼び、観客から万雷の拍手を浴びて劇は大成功の内に幕を閉じた。

この劇は、レインボープライド愛媛から性的マイノリティの当事者六人を招いて観てもらった。観劇後にステージ前に三人の方が出て、「自分が中学生のときにこの丹原東中学校のような学習を進めてくれていたら、こんなに苦しい思いをしなくてもすんだのだろうと思った。これからもぜひこの取り組みを続けてほしい」と感想を述べてくれた。スタッフとして参加した生徒は、「周囲の認知度が低いために、世間の偏見や差別が根強くなる悪循環が生まれています。それをなくすためには、今回のように身近なところへ発信していくことが大切だと感じました。今後も人権啓発劇を続けていってほしいと思いました」という感想を書いた。

写真１　人権啓発劇を上演する様子

二〇一六年度は、『にじのたね』という演目を上演した。この劇は、小学生に読み聞かせるために選んだ、『りつとにじのたね』（文ながみつまき、絵いのうえゆうこ、リーブル出版、二〇一六年）という絵本の朗読から始まる。この絵本には、性別違和の小熊が主人公として登場し、一人ひとりが違うことはすてきなことだというメッセージが込められている。そして現実の世界で、性的マイノリティへのネガティブな発言に出合ったときにうまく答えられなかった生徒の葛藤や、障害者と性的マイノリティのつながりについてや、友達にカミングアウトされたときにどう向き合うかなどを題材にして、三年間の学習の積み重ねがまとめて描かれた。劇のフィナーレに、前年度同様「虹色のあした」を全校合唱した。一六年度は全校生徒を二つに分けて二部合唱に挑戦し、その大きな歌声は前年度以上の感動を呼んだ。レインボープライド愛媛からも十一人の当事者が観劇に訪れ、六人の方がステージ前でたいへん感動したと感想を述べてくれた。劇に出演した生徒からは「劇と歌を通して、全校が一つになるのを感じました。そのときに、差別の壁がない世界も感じられた気がしました。差別がない世界の実現に向けて、これからも積極的に行動していこうと思いました。そしてこの取り組みを、後輩にもずっと引き継いでいってほしいです」という感想をもらった。

家庭・地域との連携と啓発活動のあり方の研究（地域連携部会）

生徒の人権感覚を磨き高めるためには、家庭・地域との連携が必要不可欠である。生徒の実態を正しく伝え、生徒とともに保護者や地域住民が学ぶ機会を増やし、成果をそのつど伝えていくことを通して、地域全体で家族や周りの人たちを大切にする思いが培われるだろうというねらいのもと、実践に取り組んだ。「総合的な指導のためのプログラム例」を参考にしながら、学習していく場を、地域連携部会で設定していくことにした。活動していくなかで生徒が体験し、身につけていくべきことの六点のなかで、特に、「人権が尊重される社会づくりにつながるような行動力の育成」を目指した。

まず、地域連携部だより「つながり」の発行によって保護者や地域に対する啓発活動をおこなった。生徒や保護者を対象としたアンケート調査の結果や考察、生徒・保護者の人権学習の感想、そのほか学校生活の様子、人権に関わる事象などを「つながり」（Ａ４判）に掲載し、全家庭に配布して啓発活動の要として位置づけた。そしてこれを、学校のウェブサイトにも掲載し、誰でも見られるようにした。「つながり」の内容を家庭で話題にしてもらい、自分たちの意識の変容を認識したり、地域の課題に気づいたりするために情報を発信し続けることで、人権意識が高まり、人権・同和教育講演会の参加者を増やすことにつながると考えている。また、ＰＴＡ人権教育部が作成している「虹」は年二回の発行で、これも全家庭に配布している。

二つ目の取り組みは、人権・同和教育講演会を地域連携部会が中心になって実施したことである。この講演会は、例年、ＰＴＡ人権教育部が中心になって保護者の希望に応じたさまざまなテーマに沿った講師を依頼しておこなうことが多かった。これを二〇一四年度からは、地域連携部会がＰＴＡ人権教育部と話し合い、講演内容を「マイノリティの人権」に焦点化し、学校と家庭が連携して学習を深めていくよう計画した。

一方、学習が進むにしたがって生徒からは、「自分たちが学んでいることを周囲の人に伝えたい」という声があがり始めた。そこで、参観日や講演会、地区別懇談会の場などの機会を捉えて、自分たちが学んだ内容や取り組み、感想などを発表した。講演会後のアンケートや感想のなかで生徒は、「親や地域の人にわかってもらえてよかった」「自分たちがもっと勉強して、正しいことを伝えていくことが差別解消につながる」という思いを伝えていた。保護者からも「家庭で、人権問題について話す機会が増えた」「子どもとともにさらに学習を深めていきたい」という意見が寄せられている。

三つ目の取り組みとして、西条市が年に一度実施している、公民館主催の地区別人権・同和教育

写真２　地区別人権・同和教育懇談会の様子

懇談会に生徒を参加させた。二〇一四年度は、従来からおこなっている同和問題や身近にあるさまざまな差別について考える内容の懇談会に、中学生が参加するものだった。生徒に参加を募ったところ、二十九人から希望があった。これまでは、各地区住民と教師が集まる会だったが、初めて中学生が参加し、意見や感想を求められるとそれぞれの思いを伝えることができていた。

　二〇一五年度は、担当者が校区内の公民館長と話し合って、中学生が性的マイノリティの人権課題について地域の住民に説明する内容に変更した。生徒に参加者を募ったところ、三年生を中心に六十五人の希望があった。懇談会では、はじめに中学生が性的マイノリティの基礎知識を簡単に説明し、〇×クイズなどを用いて理解を深めた。その後、法務省の人権啓発ＤＶＤ『あなたがあなたらしく生きるために』（日高庸晴監修、法務省、二〇一四年）を視聴して、小グループに分かれて話し合った。中学生も分かれてそのグループに入って意見を述べた。

　二〇一六年度も同様に計画を立てたところ、生徒の参加希望者数は前年並みの六十六人だったが、自分が住んでいる地域以外にも二度三度と出向く生徒もいて、延べ人数は九十二人を数えた。生徒は、地域の人たちに自分たちが学校で学んだことを伝え、地域から差別をなくしたいという強い思いをもって臨んでいた。一六年度は一五年度の学習を少し進めた内容で説明し、DVDは『カラフル』（虹色ダイバーシティLGBT監修、越坂康史監督、東映、二〇一四年）という性的マイノリティの人権課題に加えて、職業差別や障害者差別の問題も含んだものを視聴してから話し合いをもった。小グループに分かれた意見交換の場で生徒たちは、それまでの学習から感じたことや考えたことを一生懸命に地域の人に伝え、差別解消に向けた主体的な行動化への第一歩となった。参加した生徒からは、「地域の方の率直な意見が聞けて、とてもいい経験になった。これからも地域の方に正しいことを発信していきたい」などの前向きな感想があった。

丹原公民館長の近藤哲雄さんからは、「中学生の表面的ではない意見や学習に裏付けされた確かな説明は、大人たちの心を動かすものだった。たいへんありがたかった」と感謝の言葉をもらった。地域の参加者には高齢者が多く、いろいろな考え方の人がいて「ほっとったらいいじゃないか」「男は男らしく、女は女らしくやったらいいじゃないか」という意見もあった。しかし、そのような人たちに対しても、「そうではないのです」「性的マイノリティ当事者の方には、自分の本当の姿を隠し続けなければならない、ありのままに生きられないつらさがあるのです」と強く訴える中学生の姿が印象的だった。学習したことが心に染み付いているからこそできる言動である。この取り組みのなかで、教師や大人が同じ内容を語るよりも、中学生が語るほうが高齢者には聞き入れてもらいやすいという新たな発見があった。地域の人の感想には、「初めて聞いた言葉もあり、勉強になった」「若い柔軟な考えを学んでいきたい」「中学生は自分の言葉で自分を語っていた。いまの気持ちを大切にしてもらいたい」などの、中学生から教えられたという意見が多くあった。

また二〇一六年度には、本校の取り組みが西条市内を中心に多方面に認知され、話しにきてほしいという依頼がたくさんあった。校区外の公民館に地区の自治会長など指導的な立場の人が集まった地区別懇談会や、四百人余りが参加した西条市民大学での西条市人権・同和教育講座などの場で、性的マイノリティに関する人権学習の成果を、生徒が中心になって発表した。その多くは夏休み中に開催したもので、夏休み前に生徒から希望者を募ったところ、大勢の参加希望があり、分担して啓発活動に出向いた。参加した生徒からは、「積極的に活動に参加し、性的マイノリティの人権について多くの人に知ってもらえてよかった。たくさんの好意的な意見をもらえてうれしかった。これからも身近にある差別や偏見、いじめなどをなくせるように自分にできることをやっていこうと思った」という感想が寄せられた。

四つ目の取り組みとして、性的マイノリティに関する人権啓発ポスターの制作と、地域への掲示依頼が挙げられる。生徒が差別解消に向けて行動する手立ての一つとして、「誰もが自分らしく生き生きと過ごせる社会にしていきたい」という思いを込めて、性の多様性を認め合うポスターを制作した。文化活動部の生徒四人が、キャッチコピーとデザインを考えて描いたものである。キャッチコピーは「心の性で生きたい――性別違和を知っていますか」「愛のかたちは∞（無限大）――同性愛もいいんだよ」だった。二〇一六年二月に、二年生全員がグループに分かれて、そのポスターを持って丹原町内の小学校や高校、公民館や高齢者養護施設といった公共施設など二十三カ所に出向き、そこを訪れる人たちの目に付く場所に貼ってもらうように依頼した。

生徒会を中心とした生徒の主体的な取り組み

このような実践をしていくなかで、二〇一六年六月末に開催された生徒総会で、生徒たちから本校の現状を改善していくためのさまざまな提案が出された。

その一つ目が、いままでの「車いすトイレ」を「誰でも使えるトイレ」に変更する提案だった。その理由は「性別違和の当事者から「学校では女子トイレに入るのがいやで、水分をとらないでずっと我慢していた」という話を聞いた。身体の性に関係なく、障害がある人なども含め、誰でも気軽に使えるトイレを作りたい」というものだった。この提案は生徒総会で即時可決され、夏休み中のリーダー研修会で、新しいトイレの名称や表示板のデザインが具体的に検討された。新たなトイレは「思いやりトイレ」という名前に決まり、表示板はレインボーカラーに塗ったハート型のなかに、車いすに乗った人とギプスを巻いた人が座るデザインが採用された。その後、生徒会役員がパソコンでデザインを仕上げ、業者に発注して十一月のはじめに新しく「思いやりトイレ」が誕生した。

二つ目は、制服の改正である。その提案は、現在男子は学生服、女子はセーラー服と規定されている校則を見直して、新たな制服を作るというものだった。提案理由は「性別違和の人から「セーラー服がいやで、中学校には一日もいかなかった」という話を聞いたので、本校にもいると考えられる当事者のために制服を改正するべきだ」というものだった。生徒は「身体の性に関係なく、一つのデザインに統一すべきだ」という意見と、「上着は共通のデザインで、下はズボンとスカート

写真３　小学校への「出張授業」の様子

から選べるようにするべきだ」という意見の二つに分かれた。双方についての賛成意見と反対意見が活発に出て激論になり、その場では変更することは決まったが、デザインの具体的な結論は出ないまま検討課題となった。その後のリーダー研修会でも結論は出ず、ＰＴＡ役員会に話し合いの経過を報告して、来年度以降の生徒会に引き継いでいくことになった。

三つ目が小学校への出張授業の取り組みである。これは、生徒総会で制服の改正について話し合っていく過程で、「制服を買うのは小学六年生だ。中学校の制服がどうして変わるのか、正しく知ってもらう必要がある」「小学生は性的マイノリティの知識が全くないので正しい知識を教えなければならない」「中学生が教えにいけばいい」という意見が出たことから、実施に向けて動き出したものである。職員会議を経て、担当教師が小学校の担当者と具体的な実施方法について話し合った。

そこで低学年にも聞かせたいという希望があったので、人権啓発劇の題材に用いた『りつとにじのたね』という絵本の読み聞かせを取り入れることにした。そして授業の後半に、高学年に向けて性的マイノリティの基礎的な知識を説明するという内容になった。第一回は、三年生九人が十二月のはじめに田野小学校を訪問して一時間の授業をおこなった。前半の絵本の読み聞かせでは、低学年の児童から「性的マイノリティという言葉は聞いたことあったが、その意味がよくわかった。一人ひとりの違いを認め合って誰もが生活しやすい町にしたいと思った」といったすばらしい感想をもらった。後半の高学年に対してはプレゼンテーションソフトを使って基礎知識を説明したあと、性別違和に悩む中学生を描いたＤＶＤを放映した。児童は前向きな感想を述べて、中学生は「すべての人が自分らしく生き生きと生活できる、誰もが大事にされる、そんな学校や街を目指していきましょう」という言葉で締めくくった。残りの校区内の三小学校にも、順次訪問する予定である。この取り組みは、差別解消に向けた行動化の大きな一歩となった。

4　成果と課題

成果

・地域連携部だより「つながり」を発行し、全家庭に配布し、校内に掲示して学校のウェブサイトに掲載することで、生徒の学びを家庭はもちろん、地域にも広めることができた。

・生徒たちは自分たちの活動がテレビや新聞で取り上げられることによって、自分たちがやっていることが最も先進的で価値があることを実感し、一人ひとりの自己肯定感と意欲を高めることができた。
・人権・同和教育講演会で、直接、講師から体験談を聞くことで、差別を受けている当事者に対する理解が深まり、人権を守るために行動しようとする意欲の高まりが感じられた。そしてその結果、二〇一六年度には、生徒からの主体的な提案によって、思いやりトイレや出張授業が実現した。
・アンケートや履歴書を見た際、生徒は「性別の欄は必要か」など問題点を指摘した。多くの生徒が差別を見抜く目をもって行動するようになり、人権学習に深みが出た。
・地区別人権・同和教育懇談会に生徒が参加することによって自分たちの学びの状況を地域の人たちが聞いてくれ、ともに学ぼうという姿勢をとってくれたことに対して充実感を得て、次回への意欲化につながった。
・在校生のなかに、仲がいい友達や教師にカミングアウトした性的マイノリティ当事者が現れた。告白された友達は「話してくれてうれしかった」「信頼されていると感じた」「これからもずっと支えていきたい」と、教師との交換日記に書いていた。

課題

・学校全体としては、差別解消に向けて意欲的に行動する生徒が目立つようになったが、生徒間に温度差があるように感じる。行動に移せていない生徒が、将来的に差別の現実に出合った際に、立ち向かっていける力を身につけさせる工夫が必要である。

・「つながり」の発信が一方通行に終わっている。今後は紙面（画面）を読んだ保護者からの感想を求め、それらを掲載しながら、保護者の思いも伝え合う双方向の情報の発信を心がけたい。

・性的マイノリティの人権課題については義務教育で取り組み始めたばかりで、その広がりはまだまだ小さく限定的なものである。あらゆる場面で啓発活動を続けていくとともに、教育委員会と協力しながらまずは西条市内の小・中学校へ、この教育を広げていかなければならないと考える。

・現在の保健体育や家庭科、道徳の教科書は、性的マイノリティに配慮した書き方になっていない。授業をおこなう際は十分な配慮が必要である。

おわりに

いままでの人権教育で培ってきた手法を生かして、性的マイノリティに関する人権学習を進めてきた。その学習を通して、生徒たちは人間の多様性を個性として認め、それをもとに課題を正しく認識し、差別に対する憤りを感じてともになくしていこうと行動する力が身についてきた。そのような生徒らの姿を見た保護者や地域の人の意識も変容しつつある。しかし、多数者側からの視点で捉えている生徒もまだまだいる。自らの課題として捉えられるよう、よりいっそう学習を進めていかなければならないと感じる。

教育界を取り巻く現状として、教科書や指導内容には性的マイノリティへの配慮はほとんどなされておらず、多くの教師の意識はまだたいへん低い。そのような環境のなかで、本校はあらゆる教育活動を通して、まだ隠れていると思われる性的マイノリティの当事者を含むすべての生徒が、授業を受ける際につらい思いをすることがないよう常に人権感覚を研ぎ澄まし、これからも生徒とともに学習を進めていきたい。そして、生徒の差別解消に向けた主体的行動を後押しし、啓発活動に努めていく所存である。

第2章
LGBTI当事者のケアに向けた学校と医療施設との連携

中塚幹也

1　性的マイノリティとLGBTI

多様な性のあり方

性は多様な要素から成り立っている[1]（図1）。生物学的性（Sex）は、①性染色体（男性型はXY、女性型はXX）、②内性器・外性器の解剖（子宮や卵巣など内性器の状況や陰茎など外陰部の形状）、③性ステロイドホルモン（男性ホルモン、女性ホルモン）のレベルなどから決定される。生物学的性は「身体の性」とも呼ばれ、性染色体や性ステロイドホルモンは血液検査によって、また、内・外性器の解剖は診察や画像診断によって判断される。

一方、社会的性（Gender）は、①性の自己認識（性自認とも呼び、物心ついた頃から現れる「自分は男／女」という認識）、②性役割（男性として／女性として果たしている役割）、③性的指向（恋愛や性交の対象となる性別）などからなる。このうち、性自認は「心の性」とも呼ばれ、現在の気持ちや生活の状況、さらには、幼少時からのエピソードなどを本人や家族から十分に聞き取ることから判断する。このような要素の組み合わせを考えると、性のあり方は多様であることがわかる（表1）。

性的マイノリティという言葉

「マイノリティ」という言葉がある。「マイノリティ」とは、「大多数の人々（マジョリティ）に対

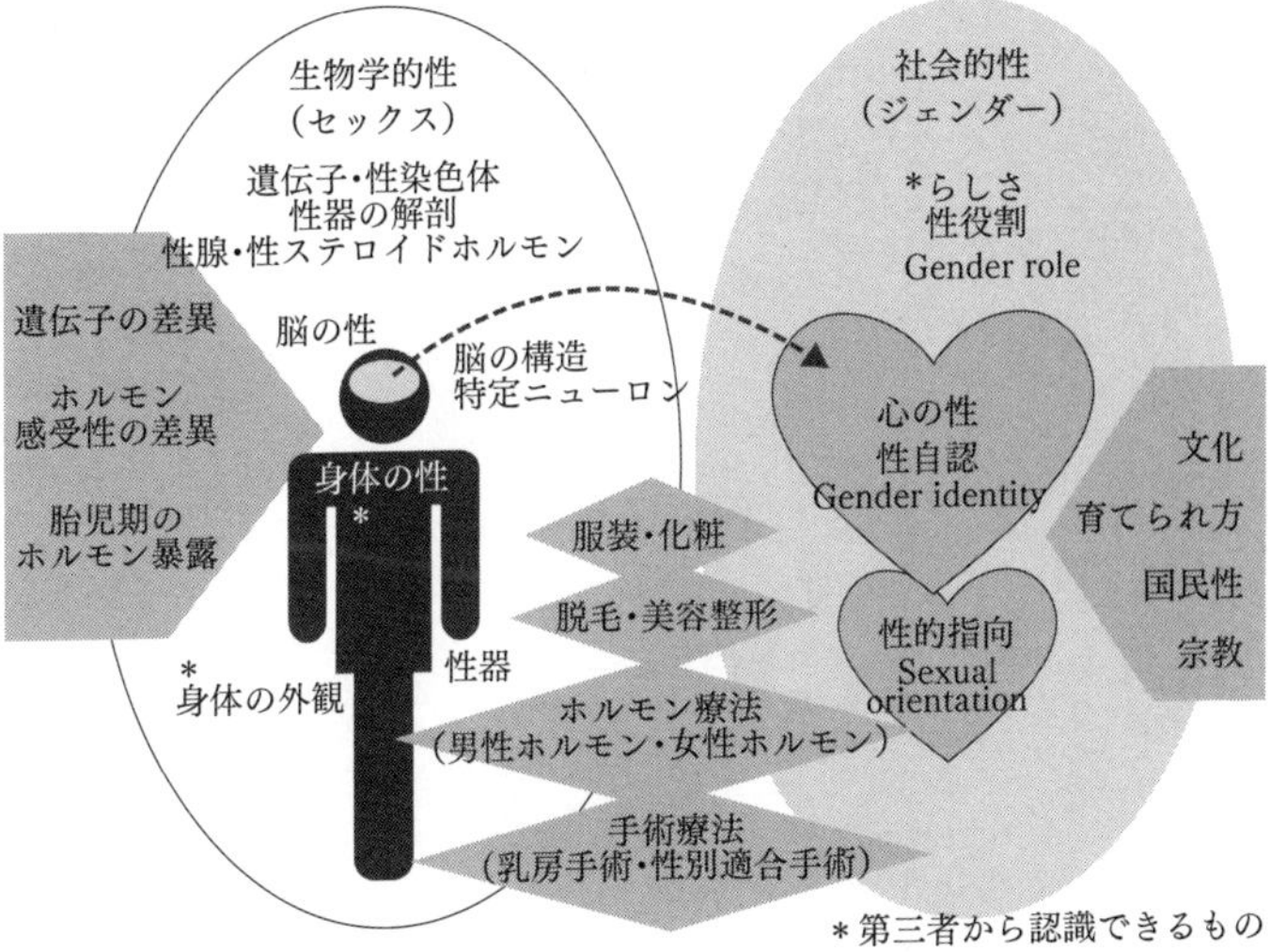

図１　性に関する多様な要素

して、そうでない人々」であり、本来は「多いか／少ないか」を基準に呼ばれるものである[2]。また、分け方の条件を変えれば、誰もがマジョリティになったり、マイノリティになったりする。しかし、「マイノリティ」という響きに「劣った」というニュアンスを感じるために好ましい名称ではないと思う人も多い。

「性的マイノリティ」という言葉もあるが、このような「性的マジョリティではない人々」といった相対的な名称ではなく、それぞれを主体的に呼ぶことができるＬＧＢＴ（Ｌ：レズビアン、Ｇ：ゲイ、Ｂ：バイセクシュアル、Ｔ：トランスジェンダー）という名称を使用することも多くなっている。Ｉ（インターセックス。疾患名としては性分化疾患）を加えたＬＧＢＴＩ、また、Questioning（不確定）、Queer（個性的）を加えたり、さらに、

表1　性同一性障害の鑑別

		生物学的性（セックス）			社会的性（ジェンダー）		
		遺伝子・染色体	性器の形態	性ホルモン	性自認	性的指向	性役割
性同一性障害	MTF	男性	男性	男性	女性	問わない（男性）	問わない
	FTM	女性	女性	女性	男性	問わない（女性）	問わない
	MTX	男性	男性	男性	不定・変動	問わない	問わない
	FTX	女性	女性	女性	不定・変動	問わない	問わない
同性愛	ゲイ	男性	男性	男性	男性	男性	問わない
	レズビアン	女性	女性	女性	女性	女性	問わない
両性愛		男性	男性	男性	男性	男性〜女性	問わない
		女性	女性	女性	女性	男性〜女性	問わない
無性愛		男性	男性	男性	男性	ほとんどない	問わない
		女性	女性	女性	女性	ほとんどない	問わない
性分化疾患（DSDs）		特定されない	特定されない	特定されない	問わない	問わない	問わない
		（疾患・個人により異なる）			（疾患・個人により異なる）		

注：性同一性障害の診断には性的指向を問わないが、典型例では（　）内の性へと向かうため、外見的には同性愛（ホモセクシュアル）のように映る場合もある。しかし、性自認（心の性）からみると異性愛（ヘテロセクシュアル）である。性自認は揺れることもあり、特に子どもの場合は慎重な観察が必要である。また、Xジェンダー（MTX、FTX）と呼ばれる、成人になっても性自認が揺れたり特定できなかったりする場合もみられる。性的指向に関しては、同性愛以外に、両性愛（バイセクシュアル）や無性愛（アセクシュアル、エイセクシュアル）という状態もある。半陰陽やインターセックスという用語は適切ではないという意見もあり、性分化疾患（DSDs: disorders of sex development、あるいは、differences of sex development）を用いるようになっている。同じ性分化疾患（たとえば副腎過形成）であっても、症例によって性自認は女性であったり男性であったりする。また、上記以外の多様な形をとりうることにも留意する必要がある。

Ａ（アセクシュアル、無性愛）を加えたりする場合もあるが、ＬＧＢＴＩＱＡといくつ頭文字を並べても、そのどれにも「しっくりしない」と感じる人々が存在する。

LGBTIやSOGI

ＳＯＧＩという言葉もある。性的指向（Sexual Orientation）と性自認（Gender Identity）の頭文字を合わせた言葉であり、性的指向が異性愛の人々（ヘテロセクシュアル）から同性愛（ホモセクシュアル）の人々まで、また性自認が身体の性と一致している人々（シスジェンダー）から性自認が身体の性と一致していない人々（トランスジェンダー）まですべてがグラデーションのなかに位置することを表す概念である。しかし、性に関する要素は、性的指向と性自認の二つだけではないため、その他の要素にもとづく悩みをもつ人々にとっては、やはり、「しっくりしない」と感じることになる。また、ＳＯＧＩも、性的マイノリティ、ＬＧＢＴと同じ文脈で使用される場合もみられる。

さらに、細かくみれば、性のあり方は多様であり、マジョリティと思っている人々も含めて、一つの範疇に入っていると考えられる人々のなかでも、まったく同じ人は一人としていない。また、多様な性のあり方のうち、医学的な対応が必要でない生き方を望む人々にとっては、このような性の各要素を確定して自身をどこかに位置づけることが必要ではない場合もあり、画一的な対応を受けてしまうなど、かえって不利益をもたらす場合もある。連帯感をもつことで気持ちが楽になる人もいるが、既成の概念に自分を位置づけられるのにいやな気持ちをもつ人もいる。

たとえば、男性／女性として日常生活を支障なく送っている性分化疾患当事者のなかには、インターセックスとしてＬＧＢＴＩのなかで取り上げられることにいやな思いをもったり、メリットはないと考えたりする人々も多い。性分化疾患は、Disorders of Sex Development（ＤＳＤｓ）の日本語訳だが、近年は、ＤＳＤｓに関しては、疾患としての語義を弱めた Differences of Sex Development という語句も使用されている。外陰部の形態などは、疾患というより、差異といってもよいと考えられる。

本章では、性的マイノリティ、ＬＧＢＴ（あるいは、ＬＧＢＴＩ）、ＳＯＧＩという言葉を使用するが、このような背景を念頭において読んでいただきたい。

性的マイノリティ当事者数の推計

二〇一五年、電通ダイバーシティ・ラボは、インターネット上での調査ではあるが、全国の約七万人へのアンケートをもとに、ＬＧＢＴ当事者の推計数は日本人の七・六％と報告した。レズビアン〇・五％、ゲイ〇・九％、バイセクシュアル一・七％、トランスジェンダー〇・七％、その他三・八％とされ、「その他」には、性分化疾患、Ｘジェンダー（性自認が特定できない場合や揺れる場合など）、アセクシュアル、クエスチョニングの人々などが含まれると考えられる。

電通総研と電通ダイバーシティ・ラボは、二〇一二年にもＬＧＢＴ当事者が日本人の五・二％とする調査結果を報告している。電通では、三年間でその推計数が増加したことについて、「渋谷区の同性パートナーシップ条例や、アップル社のティム・クックＣＥＯが同性愛者であることをカミングアウトするなど影響力もあり、情報にふれる機会が増え、違和感を持ったまま生きていた人が気づくきっかけになった」と推測している。

博報堂ＤＹグループのＬＧＢＴ総合研究所も、二〇一六年六月、全国の二十歳から五十九歳の約九万人へのインターネット調査をおこない、レズビアン一・七％、ゲイ一・九％、バイセクシュアル一・七％、トランスジェンダー〇・五％、アセクシュアル〇・七％、その他一・四％（性的マイノリティ全体で八・〇％）という結果を公表している。

日本労働組合総連合会（連合）の総合男女平等局も、二〇一六年六月、全国の二十歳から五十九歳の就労者千人（出生時に割り当てられた性別は、男性五百人、女性五百人）に対するインターネット調査をおこない、ＬＧＢが三・一％、トランスジェンダー一・八％、アセクシュアル二・六％、その他〇・五％（性的マイノリティ全体で八・〇％）という結果を公表している。

2　ＬＧＢＴＩ当事者と医療

ＬＧＢＴＩ当事者への医療の必要性

多様な性のあり方を含むＬＧＢＴＩ当事者だが、医療との関係性という視点で考えると、その必要性や有益性もまた多様である。一部の性分化疾患では、医学的な対応がないと生命に関わるため、出生時から迅速に判断（診断）する必要がある。また、生後すぐに対応する必要はなくても、学校への入学などの集団生活を始めるにあたり、外性器の形態を修正するための手術を希望する場合もある。また、二次性徴の発来がない場合には、放置すると健康への悪影響もある。

トランスジェンダーのうち、医療を希望した人々に対して用いる診断名として「性同一性障害（Gender Identity Disorder. ＧＩＤ）」がある。性同一性障害に関しては、医療による支援が大きなメリットをもたらす場合も多く、適切な時期に医療施設に相談することで診断がおこなわれ、各種の支援が始まる。典型例ではホルモン療法や手術療法を希望する場合も多い。

同性愛・両性愛の治療は不要であり、医療が関与できる部分は少ないが、一部の子どもでは、同性愛と性同一性障害との鑑別が困難であり、専門医療施設での観察が必要な場合もある。また、うつや不安症、あるいは、自殺念慮に関しては、すべての性的マイノリティに共通して高率にみられ、同性愛・両性愛も例外ではない。その悩みの根底に性別への悩みがあることがわからないままうつや不安症への薬物療法だけがおこなわれている場合もあり、臨床的には問題になっている。

また、男性との性交をおこなう男性を意味するＭＳＭ（Men who have Sex with Men, Males who have Sex with Males）という言葉は性自認や性的指向を問わないが、同性愛・両性愛の人々も含まれる。セーファー・セックスを考えるうえで、ＨＩＶ（エイズウイルス）を含めた性交に伴う感染症のリスクやその予防を考える文脈で使用されるため、医療との親和性が高い言葉である。[3]

性分化疾患と医療との関係

性分化疾患は染色体、生殖器、性ホルモン分泌などの性の特徴が非定型的であり、一致しない、あるいは、性別を特定できない状態である。[4] 性に関する身体の発達状態に注目した名称で、七十種類以上の多くの疾患が含まれ、一律に扱うことはできない。「男でも女でもない性別」「第三の性」と呼ばれた時代もあり、半陰陽、インターセックス、性分化異常、性発達障害などとも呼ばれていたが、現在は、性分化疾患という名称が推奨されている。

外性器の外観では性別を判別しにくい状態で生まれる新生児は二千人から四千五百人に一人とされ[5]、このような新生児のなかには、検査もないまま性別を女性と割り当てられ、陰茎切除のあと女性ホルモンを投与される例もかつてはみられた。将来、性別変更が必要な場合もあるため、そのときに対応できるように、健康状態に関係しない部位の手術の施行は急がず、手術する場合も機能を温存できる手術法が望まれる。状況が許せば、自身が判断できる年齢になるまで手術は待機する。

社会の誤った知識からもたらされる偏見やステレオタイプな見方に対する恐れから、当事者や家族が隠し続ける例もあり、自殺未遂の発生率が高いとされる[6]。これらは、一般の人々が性分化疾患について知らないことで起きる問題であり、正しい情報を得ることが解決への第一歩となる。

同性愛と医療との関係

思春期よりも前の子どもは、他の人に対して「好き」という感情をもったとしても、まだ、性的関心や欲求を伴わず、対象が定まらない場合も多い[7]。思春期になると徐々に性的指向が定まってくるが、さまざまな経験から、性的指向が揺れるようにみえることもある。しかし、揺れているから「単なる思い込み」と考えたり、「指導すれば変えられる」と考えたりするのは間違いである。性的指向も性自認と同様に生まれながらに決まっていて、変えようとしても変えられない。

性的指向を無理やりに変えようとされることは自身の本質を否定されることになり、うつや自殺につながる場合もある。十代のゲイ・バイセクシュアル男性の自傷行為の経験率は一七％と高く、首都圏の男子中・高生の経験率である七・五％と比較して約二倍とされる。(8) ゲイ・バイセクシュアル男性の自殺未遂のリスクはヘテロセクシュアル（異性愛）男性の約六倍とも報告されている。このように、うつや自殺念慮をもつ場合は医療的対応が必要になるが、性同一性障害や性分化疾患と比較すると医療が介入できる部分は小さい。

二〇一五年三月、東京都渋谷区で同性カップルの「パートナーシップ証明書」の発行が認められた。法的拘束力はないものの、事業者が差別的な取り扱いをした場合には事業者名を公表する規定も盛り込まれている。今後は、病院でも、家族としての面会や手術などの同意書への署名などを認めることが望まれる。

兵庫県宝塚市が同性カップルに「パートナーシップ証明書」を発行し、市営住宅への入居も認めるなどの条例の制定を検討していたところ、市議会議員の一人が本会議の一般質問で、「（条例が制定されると）宝塚に同性愛者が集まり、ＨＩＶ（エイズウイルス）感染の中心になったらどうするのか、という議論が市民から出る」と発言し、別の市議会議員が「ＨＩＶ感染者や同性愛者への偏見を助長する差別的な発言だ」として取り消しを求めたことが報道されている。このように、医学的に適切な情報提供の必要性が露呈した例もある。

性同一性障害と医療との関係

性分化疾患の診療は従来の医療の枠組みのなかでおこなわれてきたが、性同一性障害への診療に関しては、依然として医学的に、また、社会的に不十分な状況にある。性分化疾患に対しては保険診療がおこなわれているが、現時点では、性同一性障害への診療のうち、精神科診療以外の身体的治療（ホルモン療法と手術療法）は保険適用になっていない。

日本でも、一九五〇年代にはＭＴＦ（Male to Female. 心の性は女性、身体の性は男性）当事者へのいわゆる性転換手術がおこなわれていたが、六四年に三人のＭＴＦ当事者に精巣除去術を施行した産婦人科医が優生保護法第二十八条（「故なく、生殖を不能にすることを目的として手術又はレントゲン照射を行つてはならない」）に違反したとして摘発され、六九年には有罪判決を受けた（ブルーボーイ事件(9)）。

有罪判決以後、日本での性転換手術は非合法と考えられるようになり、日本での性同一性障害治療は闇の時代に入った。しかし、世界的には性同一性障害の診療は続けられ、一九八〇年には、アメリカ精神医学会の「精神障害の診断・統計マニュアル」（ＤＳＭ－Ⅲ）で、「性同一性障害」が公式な診断名として使用されるようになった。一方、日本では性別適合手術が公式に施行されることはなく、海外や水面下のクリニックでおこなわれてきた。

ブルーボーイ事件の裁判の判決文には、「手術前には心理検査などを行い、一定期間の観察が必要である」「家族関係、生活史や将来の生活環境について調査されるべき」「手術適応は専門を異にする複数の医師によって決定され、能力のある医師によって実施すべき」「診療録、検査結果等の資料が作成され保存されるべき」「性転換手術の限界と危険性を十分理解できる患者の身に行うべき」「配偶者がいれば配偶者の、未成年では保護者の同意を得るべき」とあるが、性転換手術自体が違法とは書かれておらず、反対に、このような条件が整えば、正当な医療行為として認められる可能性を読み取れる。それにもかかわらず、日本の性同一性障害診療が、なぜ三十年近くも空白の時代へ陥ったかに関しては種々の理由が考えられている。いずれにせよ、ブルーボーイ事件は、性同一性障害に対する診療が正当な医療行為だとする認識を遅らせたことは確かだろう。

3 性同一性障害の診療

ジェンダークリニックの実際

性同一性障害当事者の診療は、精神科医、産婦人科医、泌尿器科医、形成外科医などが連携した医療チームであるジェンダークリニックでおこなわれている[10]（図2）。精神科医は、本人や家族から、現在の状態や成育歴を聴取して「心の性」を確定する。また、不安やうつなどの精神状態、学校や職場などでの社会的適応の状態などを考慮して、身体的治療のスケジュールをコーディネートする。

産婦人科医や泌尿器科医は、①性器の形態などを含めた身体的診察、②性染色体検査、③ホルモン検査などによって「身体の性」を確定する[11]。岡山大学ジェンダークリニックでは、産婦人科医はＦＴＭ（Female to Male. 心の性は男性、身体の性は女性）当事者、また、泌尿器科医はＭＴＦ当事者

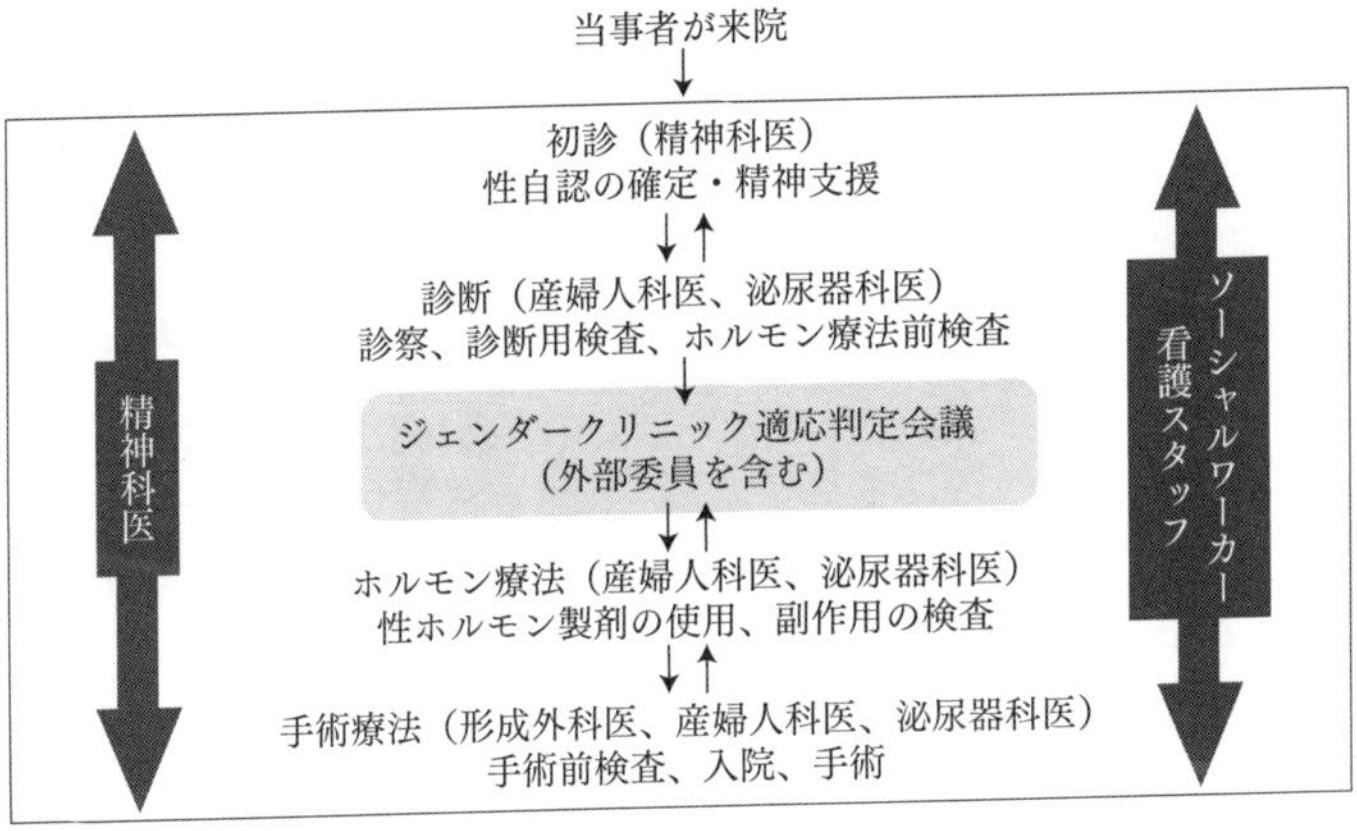

図２　ジェンダークリニックでの診療の流れ

を診察し、検査する。その後、産婦人科医はＭＴＦ当事者、また、泌尿器科医はＦＴＭ当事者を診察して検査結果を確認し、本人に説明する。

診察券や呼び出し時の呼び名への配慮、トイレ、待合室、検査部、薬局など各所での配慮が必要であり、医療施設のスタッフ全員が基礎的な知識をもつことが望ましい[12]。また、看護スタッフやソーシャルワーカーなどには、外来、入院、手術、社会復帰などの各過程での関与が期待されている。

身体的治療

日本精神神経学会の性同一性障害診療ガイドラインでは、性ホルモンの使用は原則として十八歳以上（一定の条件下で十五歳以上）、性別適合手術は二十歳以上としている[13]。ＭＴＦ当事者に対しては、エストロゲン（卵胞ホルモン）製剤が使用される[14]。効果の評価のためには、治療開始初期には、血清テストステロン値の低下やペニス勃起の抑制など、長期的には乳房腫大などの体形の女性化などがみられているかを観察する。エストロゲン製剤による精子の減少は不可逆的であるため、結婚している場合は、本人とともに、妻（パートナー）への十分な説明と同意が必要である。独身者などから希望がある場合には、将来の妊娠のための精子の凍結保存や日本や海外での生殖医療の現状についても説明している。

ＦＴＭ当事者に対しては、アンドロゲン製剤を使用する。[15] 血清テストステロン値の測定はあまりおこなわれず、月経停止が効果の指標になる。ひげや体毛は増加し、筋肉質になり、声は低音になる。クリトリスの肥大、性欲高進などがみられるが、乳房の縮小は限定的である。アンドロゲン製剤によるひげや声の低音化などは不可逆的である。

いずれの場合も、ホルモン療法中は、定期的に血液検査や血圧・体重測定を施行する。[16] 禁煙や体重管理はもちろん、いわゆるエコノミークラス症候群の原因となる日常生活での脱水や長時間の屈曲姿勢を回避するように指導する。

手術療法として、ＦＴＭ当事者では、乳房切除術、性別適合手術（子宮と卵巣の摘出）、また、希望者には尿道延長術や陰茎形成術が施行される。ＭＴＦ当事者では性別適合手術（精巣摘出術、陰茎切断術、造腟術）、また、希望者には豊胸術（乳房形成術）や顔面の女性化手術などがおこなわれる。さらに、ファッションやメイクへの支援、ボイストレーニングなどの生活支援もおこなわれている。

表2　性別違和感を自覚し始めた時期

	全症例（n＝1,167）	MTF（n＝431）	FTM（n＝736）
小学校入学以前	660（56.6%）	145（33.6%）	515（70.0%）
小学校低学年	158（13.5%）	67（15.5%）	91（12.4%）
小学校高学年	115（9.9%）	56（13.0%）	59（8.0%）
中学生	113（9.7%）	74（17.2%）	39（5.3%）
高校生以降	92（7.9%）	77（17.9%）	15（2.0%）
不明	29（2.5%）	12（2.8%）	17（2.3%）

4　性同一性障害の子どもの現実

性別違和感の自覚と子どもの頃の経験

岡山大学ジェンダークリニック受診者をみると、すでに、半数以上が小学校入学以前に、また、約九〇％が中学生までに性別違和感をもっていた[17]（表2）。ＭＴＦ当事者では、小学校入学以前に三三・六％、中学生までに七九・三％が性別違和感をもっていたのに対して、ＦＴＭ当事者ではさらに早く、小学校入学以前に七〇・〇％、中学生までに九五・七％が性別違和感をもっていた。

ジェンダークリニックを受診する前の経験としては、約三〇％に不登校が、また、約六〇％に自殺念慮が、約三〇％に自傷や自殺未遂がみられていた[18]（表3）。また、既往に、あるいは受診時に精神科合併症がみられた当事者は一六・五％と高率であり、その内容は不安症やうつが多く、子どもの頃から続く、周囲との人間関係や社会制度との摩擦が原因と考えられる。特にＭＴＦ当事者では約四人に一人の割合と高率であり、学校で差別的な言葉、いじめ、また、二次性徴による身体の不可逆的変化、さらには、

表3　性同一性障害の種々の問題

	全体	MTF	FTM
自殺念慮	58.6% (676/1,154)	63.2% (268/424)	55.9% (408/730)
自傷・自殺未遂	28.4% (327/1,153)	31.4% (133/423)	26.6% (194/730)
不登校	29.4% (341/1,158)	30.8% (131/425)	28.6% (210/733)
精神科合併症	16.5% (189/1,148)	25.1% (106/422)	11.4% (83/726)

男性として生きていかなければならない重圧などが原因になっていると考えられる。

子どもの頃の自殺念慮の原因を年齢別にみると、小学生時代には、ＭＴＦ当事者では性器への悩みが多く、ＦＴＭ当事者では二次性徴への悩みが高率にみられる。[19]中学生時代には、ＭＴＦ当事者では性器への悩みに加え、二次性徴への嫌悪感もみられ始め、いじめも高率にみられる。また、ＦＴＭ当事者でも二次性徴への悩みに加え、制服への悩み、恋愛に関する悩みもみられる。このような悩みの原因が重なる中学生の時期は自殺念慮が高率となり、「危機の年代」ともいえる。高校生時代には、ＭＴＦ当事者では継続して二次性徴や性器に対する悩みが、ＦＴＭ当事者では恋愛に対する悩みが最も高率となる。

子どもの頃の「封じ込める」体験

子どもの頃の性同一性障害当事者は、「自分がどのような存在かわからない」「誰にもわかってもらえない」と感じていることが多い。[20]しかし、周囲の人々がそのつらさに気づいていない場合が多く、性的マイノリティ、また、性同一性障害について、（ときには、意識せず）否定的な言動をしていることもある。

性同一性障害への嫌悪感はトランスフォビア（Transphobia）とも呼ばれる。

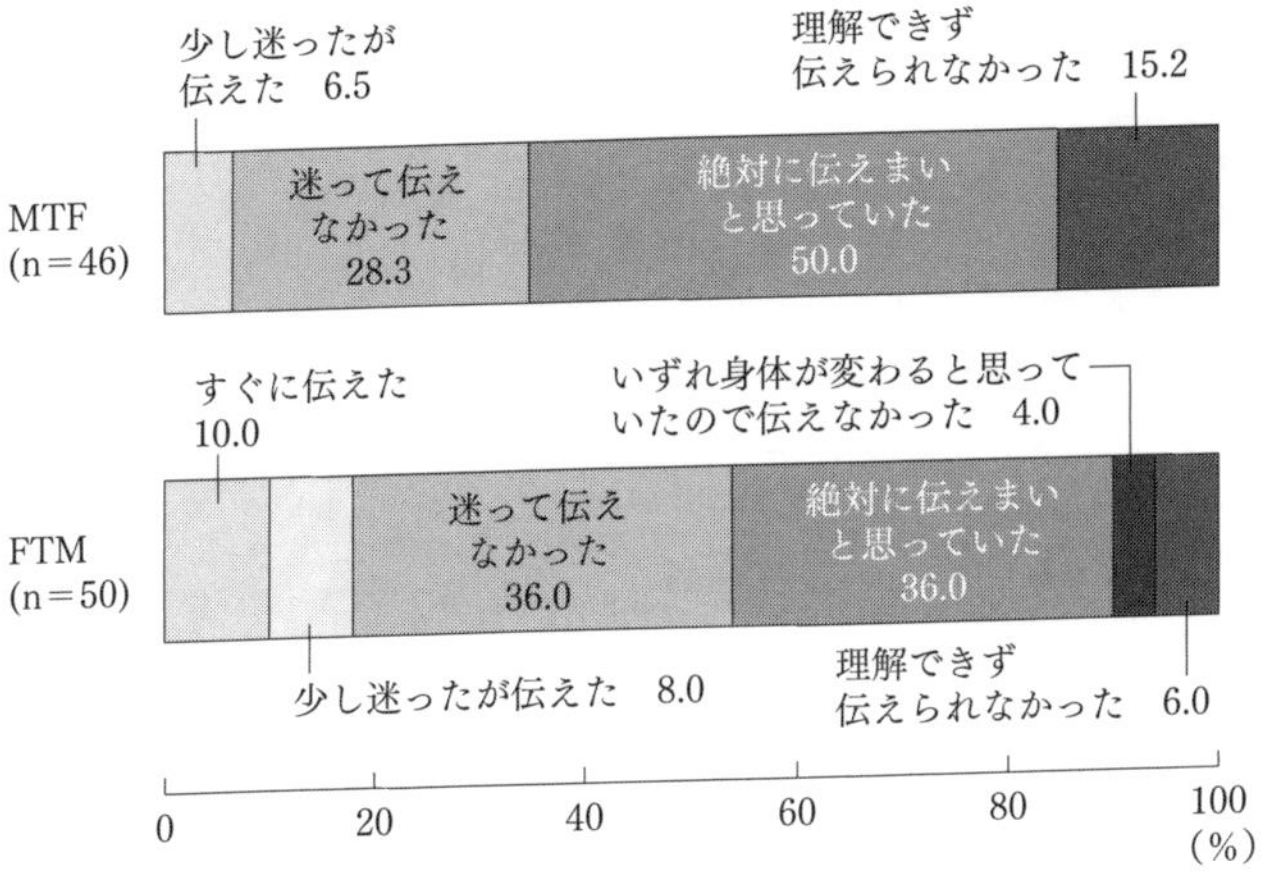

図３　小学生の頃に性別違和感を言葉で伝えることができたか

性同一性障害についての否定的な言動は、その言葉が自身に向けられてはいない場合でも、自身を否定されていると感じる。日常的に、そのような言動が家庭や学校、また、テレビなどのマスメディアのなかにあふれている環境で育つことで、「自分はおかしい」「こんな自分が嫌い」というように、子どもの心の中で「トランスフォビアの内在化」や「自尊感情の低下」が起きると考えられる。

性別違和感の告白

小学生の頃、ＭＴＦ当事者の九三・五％、ＦＴＭ当事者の八二・〇％は、性別違和感を言葉で伝えることができていなかった[21]（図３）。特に、ＭＴＦ当事者ではＦＴＭ当事者と比較して、「変な目で見られるのでは」「いじめられるのでは」「言ってもわかってもらえない」という思いから、高率に「絶対に伝えまい」と思っていた。また、自身の状況を理解できずに伝えられなかった例や「いずれ身体が変わ

表4　ホルモン療法を開始すべきと考える年齢

	FTM（n=116）	MTF（n=47）
回答時の年齢	28.4±6.6	32.5±10.2
身体の変化の自覚（歳）		
初経 or ひげ	12.8±1.6	15.3±2.7
乳房腫大 or 変声	12.1±1.7	13.5±1.7
希望する年齢（歳）		
GID の説明	12.2±4.2	10.7±6.1
ホルモン療法	15.6±4.0	12.5±4.0

注：中学生以前に性別違和感が始まった症例だけの検討

る」と思っていた例もみられた。このように、子どもの頃には告白できない当事者だが、私たちのジェンダークリニックを受診した年齢になって思い返すと、約六〇％の当事者は、子どもの頃に家族や周囲に伝えられなかったことを「後悔している」と回答していた[22]。

5　性別違和感をもつ思春期の子どもへの医療的支援

二次性徴とホルモン療法の希望

性同一性障害当事者の二次性徴の自覚は、FTM当事者の乳房腫大が平均十二・一歳、初経が平均十二・八歳、また、MTF当事者の変声が平均十三・五歳、ひげが平均十五・三歳だった[23]（表4）。これに対して、ホルモン療法を始めたかった年齢は、FTM当事者では平均十五・六歳、MTF当事者では平均十二・五歳だった。

FTM当事者では、男性ホルモン治療を始めれば月経も止まり、身体も男性化していくが、MTF当事者では女性ホルモン治療によっても、ひげ、がっちりした体形、低い声にはあまり変化がみられない。この違いが、ホルモン療法を始めたかった年齢に反映されている。さらに、「性同一性障害」について知っておきたかった年齢は、FTM当事者では平均十二・二歳、MTF当事者では平均十・七歳であり、小学校高学年くらいまでには性同一性障害について正確な情報を提供する必要がある。[24]

思春期の当事者への二次性徴抑制療法

The World Professional Association for Transgender Health（ＷＰＡＴＨ）の“Standards of Care（ＳＯＣ）”（日本語版「トランスセクシュアル、トランスジェンダー、ジェンダーに非同調な人々のためのケア基準」）は、性同一性障害の診療や生活支援などが総合的に記載されている手引である。[25] ＳＯＣは第六版（二〇〇一年）から小児期に性同一性障害が明らかで思春期に性別違和感が増強し、家族の同意と治療への関与が得られる場合、タナー二期（十二歳頃が中心、個人差によって九歳から十四歳）になれば GnRH アゴニストを、十六歳からエストロゲン製剤やアンドロゲン製剤を投与可能としている。

しかし、日本精神神経学会の性同一性障害診療ガイドラインに、二次性徴抑制療法は取り上げられていなかった。日本でも、兵庫県で女児として通学していたＭＴＦの小学生が六年生になり、二〇一一年に二次性徴抑制のための GnRH アゴニスト投与を始めた。これを受けて、日本精神神経学会は、思春期の性同一性障害当事者へのホルモン療法に関して、ガイドラインを改訂した。[26]

主な改訂点を挙げると、ホルモン療法の開始は十八歳からという原則は残したうえで、①条件付きで性ホルモン療法（エストロゲン製剤、アンドロゲン製剤など）の開始年齢を十五歳に引き下げた（ジェンダークリニックで経過を観察し特に必要を認めた例に限定）、②二次性徴抑制治療について記載

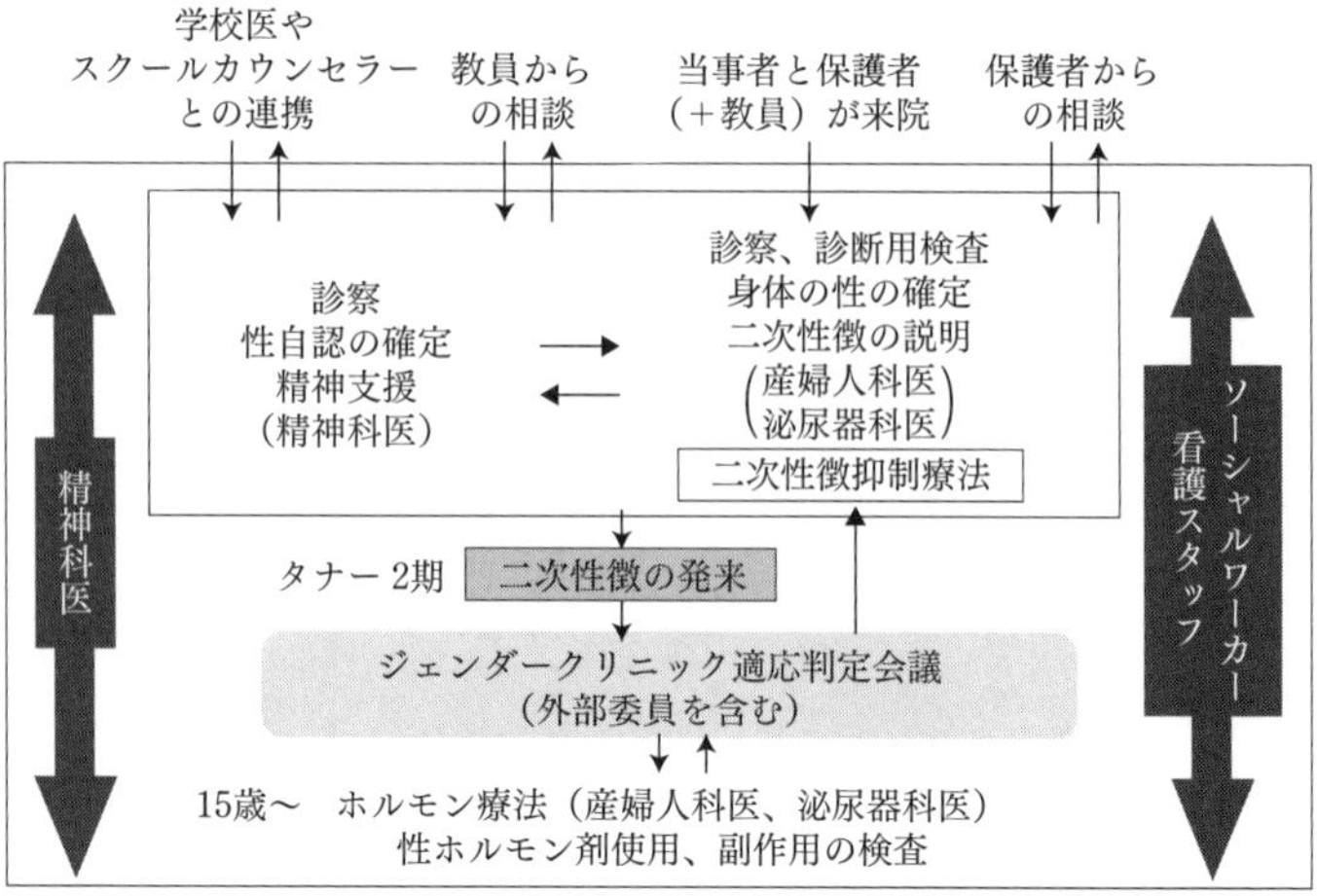

図4　子どもの場合のジェンダークリニックでの診療

した（GnRHアゴニストなどによる治療は、タナー二期以上で、二次性徴によって著しい違和感を有する当事者を対象とし、十二歳未満の場合には特に慎重に適応を検討）、③二次性徴抑制療法や十八歳未満での性ホルモン療法を施行する場合は、報告書を日本精神神経学会の性同一性障害に関する委員会に提出する、である。

子どもの受診時の流れ

子どもがジェンダークリニックを受診する場合の流れを示す（図4）。一時的に二次性徴を抑制してモラトリアム期間を作る選択があれば、その間に経過を観察して適切に診断することが可能になる[27]。また、もし、性同一性障害ではなかった場合も、GnRHアゴニスト投与を中止すれば、再び二次性徴が発現する。

成長期に長期使用する影響、学業期のため通院が困難、高額な医療費などの問題もある。また、小児期の性別違和感は必ずしも持続しないため、性同一性障害の診断を確実におこなうことが求められる。しかし、二次性徴の初期段階で性別違和感が増強することを確認して性同一性障害と考えられれば、その後に変化することはほとんどないとされる。[28] 確定診断できない場合にこそ、望まない性への身体変化を一時的・可逆的に抑制しておくことが有用だと考えられる。

6　文部科学省の動向

性同一性障害の子どもの報道と文科省

二〇一〇年二月、埼玉県の公立小学校の二年生の男の子が女の子としての登校を認められたことが報道された。[29] その後、鹿児島県でも中一女子が男子として通学を認められたことが報道されたが、[30] この記事によると、校長は「対応に迷ったが、他県で同じようなケースがあったことで踏み切った」としている。

これを受けて、二〇一〇年四月、文科省は各都道府県教育委員会などへ「児童生徒が抱える問題に対しての教育相談の徹底について」として、「個別の事案に応じたきめ細やかな対応が必要であり、学校関係者においては、児童生徒の不安や悩みをしっかり受け止め、児童生徒の立場から教育相談をおこなうことが求められております。したがって、各学校においては、学級担任や管理職を始めとして、養護教諭、スクールカウンセラーなど教職員等が協力して、保護者の意向にも配慮しつつ、児童生徒の実情を把握した上で相談に応じるとともに、必要に応じて関係医療機関とも連携するなど、児童生徒の心情に十分配慮した対応をお願いいたします」との事務連絡をおこなった。(31)

文科省による全国調査

文科省は、二〇一三年四月から十二月の期間に、学校で対応した性同一性障害と考えられる子どもについて調査し、一四年六月、「学校における性同一性障害に係る対応に関する状況調査について」結果を公表した。(32)「児童生徒本人又は保護者が性同一性障害であるとの認識を有していること」「学校において既に把握している教育相談等の事例のみを調査対象とすること」「相談者が本調査に対して回答することを望まないケースについてまで報告を求めるものではないこと」としているため、報告があった六百六例(戸籍上の男性二百三十七例、女性三百六十六例、無回答三例)に関しては、「学校における性同一性障害を有する者及びその疑いのある者の実数を反映しているものとは言えない」としている。

学校段階別では、小学校低学年:四・三%(二十六例)、小学校中学年:四・五%(二十七例)、小学校高学年:六・六%(四十例)、中学校:一八・二%(百十例)、高校:六六・五%(四百三例)であり、小学生では性別違和感を言い出しにくい状況が推測される。把握された例のうち特別な配慮がおこなわれていたのは、全体の約六〇%だった。(33)制服がある場合は、着用することに違和感が強い場合が多く、不登校の原因にもなる。特に、FTMの子どもはスカートの着用に抵抗感があり、対応されている例も比較的高率だった。最も対応に苦慮する事態が起きやすい中学生の頃(34)についてみてみると、髪形、更衣室、トイレ、水泳などは、MTFの子どものほうが高率に対応を受けていた。

文科省のその後の動向

これをふまえて、二〇一五年四月、文科省は「性同一性障害の児童生徒へきめ細かな対応を」と通知した。[35] 前述のような支援に加えて、呼称を工夫する（通知表を含む校内文書を希望する呼称で記す。名簿上、自認する性別で扱う）、自認する性別での運動部参加を認める、戸籍の性別変更後の卒業証明書などの発行には適切に対応する、などの対応例について述べている。さらに、「教員研修」「チームでの支援」「医療機関等との連携」の重要性も指摘している。一六年四月、文科省は教職員向けの手引も作成している。[36]

7　学校と医療施設との連携に向けて

連携の意義

岡山大学ジェンダークリニックを十八歳以下で初めて受診した性同一性障害当事者をみると、身体が変化する焦燥感から、すでに自己判断でホルモン療法を施行していたFTM当事者は四・三%、MTF当事者は一八・九%だった。[37] 未成年による医療管理下にないホルモン療法には、医学的にも社会的にもリスクが大きい。

日本精神神経学会はガイドラインを改訂し、二次性徴抑制療法という受け皿を準備しているが、学校のなかで子ども自身が性同一性障害について知らなかったり、言い出せる環境でなかったり、告白しても学校のなかでの支援に終始したりすると、身体が望まない性に変わってしまい、その子どもの一生に影響することになる。

悩みを言い出しやすい環境の整備

このような子どもを専門医療施設への受診へ導くためには学校の役割が重要である。教員が性同一性障害など性的マイノリティについて否定的な態度や話をすることは、子どもが打ち明けてくれる機会を逃すことになるため注意が必要である。さらには、積極的に性教育や保健教育のなかで多様な性のあり方を話題にする教員が増えることが期待される。[38]しかし、学校のなかで、性別に関する悩みをもつ子どもを犯人捜しのように見つけ出そうとしたり、「性同一性障害」「同性愛」と決め付けて形式的な対応を始めたりするのではデメリットのほうが大きくなる。[39]子どもが悩みを話しやすい環境を整え、相談してきたときに正確な知識にもとづき、専門家と連携して悩みの解消に努めることが重要である。

医療施設から学校へのはたらきかけ

適切な情報を教員や子どもに提供する効果的な方法として、医療施設から性同一性障害の専門家が学校に出向いて啓発することがある。このような医療側から学校へのはたらきかけは、以前から、性教育や命の教育の講演会などとしておこなわれている。学校でＬＧＢＴを教えることで、ＬＧＢＴ当事者である子どもが、自分の気持ちを理解して誰かに話せる「言葉」をもつことができる。同時に、周囲の子どもに関しては無意識に否定的な言動をしないことにもつながる。さらに、子どもが家庭で話すことや、ＰＴＡなどの研修会で取り上げることで、「学校でＬＧＢＴについて教えたこと」が周囲の大人にも伝わる可能性がある。

また、私たちは、テキスト『学校の中の「性別違和感」を持つ子ども』(40)を作って、希望する教員などへ送付している。ほかにも、各種の団体が教員にＬＧＢＴのことを知ってもらうためのパンフレット類を作成して、性的マイノリティ、ＬＧＢＴに対する誤った認識をもつ前に、学校教育ですべての子どもたちに正しい情報を与えることは、いじめ、自殺、不登校などを予防することにつながる。さらに現在、社会に性同一性障害に対する偏見や差別が存在しているとすれば、子どもたちが社会へ出ていく将来に向けて、それを変えていくことに役立つ。

医療側の課題

日本では、性同一性障害の専門家は非常に不足している(41)。医療でも、精神神経科、産婦人科、泌尿器科、形成外科などの医師、看護スタッフ、その他の職員などによる診療チームであるジェンダークリニックは、全国的にみても十施設にも満たない状況であり、地域格差がみられる。このため、専門的な知識と技術をもつ医師の育成は急務であり、ＧＩＤ（性同一性障害）学会では認定医制度を発足させた。その目的は、「各専門領域の診療経験を活かしたうえで、性同一性障害の診療に関する幅広い知識と洗練された能力を備えた臨床医を育成、認定する。これによって性同一性障害当事者が高水準の医療の恩恵を受けることができるように、チーム医療の実現、普及に貢献する」ことである。

二〇一六年三月に生まれた認定医は九人だが、性同一性障害当事者のホルモン療法は全国の産婦人科、泌尿器科、内科などのクリニックの外来でおこなわれていて、認定医の候補になる潜在的な人材は多いと考えられる。医学教育や研修などによって正確な医学的情報を届ける仕組みが求められている。このようにして養成された医師には、近隣の学校での「性同一性障害」の子どもへの支援の中心となることはもちろん、健康教育、性教育などでの正確な情報提供、啓発をおこなう役割も期待されている。

現在のところ、ジェンダークリニックに参加している小児科医は少ない。性同一性障害の子どもへの支援者として、教員や保護者から相談を受ける機会が多い学校医や、子どもに接する機会が多い小児科医の役割は重要である。[42] 小児科医が、適切な知識をもって性別違和感をもつ子どもに接することで性別違和感に気づき、専門医療施設との連携が可能になる。さらに、ジェンダークリニックで活躍する小児科医の増加も期待されている。

性同一性障害に関する相談窓口

ＧＩＤ学会は、文科省の要請によって「性同一性障害診療に関するメンタルヘルス専門職の所属ている。

施設のリスト」をウェブサイト上で公開している。しかし、受診より前に相談できる窓口は不足している。

内閣府は、自殺対策基本法（二〇〇六年法律第八十五号）にもとづき、政府が推進すべき自殺対策の指針である「自殺総合対策大綱」を策定している。[43] 二〇一二年の改正では、ＧＩＤ学会からの要望が反映され、性的マイノリティへの自殺対策が取り入れられた。各地の自治体に性的マイノリティ当事者のための相談窓口が開設され始めている。また、民間での窓口も増加してきている。[44] しかし、性的マイノリティ、ＬＧＢＴの相談のうちでも、性同一性障害に関する相談では、医療に関連するものが大きな比率を占めていて、この点でも、それに応えることができる医療スタッフ、カウンセラー、ソーシャルワーカーなどの人材育成が必要である。

ＧＩＤ学会の認定医申請のために受講する研修セミナーには、医学的内容だけではなく、社会的内容も含まれる。このセミナーは医師以外にも開放していて、看護師、保健師、臨床心理士、養護教諭、一般教員などの専門職が参加している。現在、ＧＩＤ学会では、医師だけではなく、各分野の専門家を養成することを目的とした研修システムや認証システムの整備をおこなっていて、多くの参加が期待される。

注

（1）中塚幹也『学校の中の「性別違和感」を持つ子ども――性同一性障害の生徒に向き合う』JSPS日本学術振興会科学研究費助成事業23651263、挑戦的萌芽研究「学校における性同一性障害の子どもへの支援法の確立に向けて」、二〇一三年、一―四六ページ、「〈かけがえのない生と性シリーズ1〉LGBTIの基礎（一）性的指向」「心の健康ニュース」第四百四号、少年新聞社、二〇一四年、五―六ページ

（2）中塚幹也「性的マイノリティと学校教育」、教育と医学の会編「教育と医学」第六十三号、慶應義塾大学出版会、二〇一五年、五四―六四ページ

（3）中塚幹也「性同一性障害」「性分化疾患」「同性愛」、吉沢豊予子編『女性の健康とケア』（「助産師基礎教育テキスト二〇一五年版」第二巻）所収、日本看護協会出版会、二〇一五年、二一八―二四二ページ

（4）同書二一八―二四二ページ

（5）「教える前に知っておきたい DSD（性分化疾患）の基礎知識」「家族のためのハンドブック」DSDs（性分化疾患）を持つ子どもと家族のための情報サイト・ネクスDSDジャパン（http://www.nexdsd.com/#!handbook-index/c10rs）［二〇一七年五月一日アクセス］

（6）同ウェブサイト

（7）中塚幹也「性同一性障害の診療（上）性同一性障害の診断と診療の流れ」「月刊保団連」二〇一六年一月号、全国保険医団体連合会、五一―五四ページ

（8）同論文

（9）前掲『学校の中の「性別違和感」を持つ子ども』
（10）前掲「性同一性障害の診療（上）性同一性障害の診断と診療の流れ」、中塚幹也「性同一性障害――総論」「小児科」二〇一六年十月号、金原出版、一二九九―一三〇四ページ
（11）中塚幹也「性同一性障害と産婦人科――ホルモン療法と生殖医療」、南野千恵子／川崎政司／針間克己編『性同一性障害の医療と法』所収、メディカ出版、二〇一三年、一五九―一八九ページ、Mikiya Nakatsuka, "Endocrine treatment of transsexuals: assessment of cardiovascular risk factors," *Expert Review of Endocrinology & Metabolism*, 5(3), pp.319-322, 2010.
（12）大田有貴子／新井富士美／富岡美佳／高馬章江／菊池由加子／清水恵子／松田美和／中塚幹也「性同一性障害の外来診療システムの実態と課題」、ＧＩＤ学会編集事務局編「ＧＩＤ（性同一性障害）学会雑誌」第三巻、ＧＩＤ学会、二〇一〇年、四―一二ページ
（13）日本精神神経学会・性同一性障害に関する委員会（委員：松本洋輔／阿部輝夫／池田官司／織田裕行／康純／佐藤俊樹／塚田攻／針間克己／松永千秋／山内俊雄／齋藤利和、外部委員：舛森直哉／中塚幹也／難波祐三郎／木股敬裕）「性同一性障害に関する診断と治療のガイドライン（第四版）」、日本精神神経学会編「精神神経学雑誌」第百十四巻第十一号、日本精神神経学会、二〇一二年、一二五〇―一二六六ページ
（14）前掲「性同一性障害と産婦人科」、Nakatsuka, op.cit.
（15）同論文、Ibid.
（16）同論文、Ibid.
（17）前掲『学校の中の「性別違和感」を持つ子ども』、中塚幹也「性別違和感を持つ思春期当事者への支援」、精神科編集委員会編「精神科」二〇一六年八月号、科学評論社、八八―九三ページ

（18）前掲『学校の中の「性別違和感」を持つ子ども』、前掲「性別違和感を持つ思春期当事者への支援」

（19）中塚幹也「思春期の性同一性障害」「臨床婦人科産科」二〇一三年七月号、医学書院、七一二―七一六ページ

（20）前掲『学校の中の「性別違和感」を持つ子ども』、中塚幹也「いま、学校でＬＧＢＴを教えることの意味」「体育科教育」二〇一六年八月号、大修館書店、一六―一九ページ

（21）前掲「性別違和感を持つ思春期当事者への支援」、藤田志保／松本麻衣／久保光太郎／長谷川徹／新井富士美／富岡美佳／中塚幹也「小学生の頃の性同一性障害当事者のカミングアウト」、ＧＩＤ学会編集事務局編「ＧＩＤ（性同一性障害）学会雑誌」第八巻、ＧＩＤ学会、二〇一五年、三三―三九ページ

（22）前掲『学校の中の「性別違和感」を持つ子ども』

（23）中塚幹也／安達美和／佐々木愛子／野口聡一／平松祐司「性同一性障害の説明、ホルモン療法、手術療法を希望する年齢に関する調査」「母性衛生」第四十六巻第四号、日本母性衛生学会、二〇〇六年、五四三―五四九ページ

（24）同論文

（25）WPATH, "Standard of Care"ver.7, pp.1-112, 2011.（世界トランスジェンダー・ヘルス専門家協会〔ＷＰＡＴＨ〕「トランスセクシュアル、トランスジェンダー、ジェンダーに非同調な人々のためのケア基準」第七版、中塚幹也／東優子／佐々木掌子監訳）（http://www.wpath.org/site_page.cfm?pk_association_webpage_menu=1351）［二〇一七年一月二十日アクセス］

（26）前掲「性同一性障害に関する診断と治療のガイドライン（第四版）」

（27）中塚幹也「二次性徴抑制療法と若年でのホルモン療法の問題点」日本精神神経学会編「精神神経学

雑誌」第百十五巻第三号、日本精神神経学会、二〇一三年、三一六―三二二ページ
(28) 同論文
(29)「毎日新聞」二〇一〇年二月十二日付
(30)「毎日新聞」二〇一〇年二月二十六日付
(31) 前掲『学校の中の「性別違和感」を持つ子ども』
(32) 文部科学省「学校における性同一性障害に係る対応に関する状況調査について」二〇一四年六月十三日（http://www.mext.go.jp/component/a_menu/education/micro_detail/__icsFiles/afieldfile/2016/06/02/1322368_01.pdf）［二〇一七年五月一日アクセス］
(33) 中塚幹也「学校における性的マイノリティへの支援――性同一性障害を中心に」、教育開発研究所編「教職研修」二〇一五年八月号、教育開発研究所、三〇―三一ページ
(34) 前掲「思春期の性同一性障害」
(35) 文部科学省初等中等教育局児童生徒課長通知「性同一性障害に係る児童生徒に対するきめ細かな対応の実施等について」二〇一五年四月三十日（http://www.mext.go.jp/b_menu/houdou/27/04/1357468.htm）［二〇一七年五月一日アクセス］
(36) 文部科学省初等中等教育局児童生徒課「性同一性障害や性的指向・性自認に係る、児童生徒に対するきめ細かな対応等の実施について（教職員向け）」（http://www.mext.go.jp/b_menu/houdou/28/04/__icsFiles/afieldfile/2016/04/01/1369211_01.pdf）［二〇一七年五月一日アクセス］
(37) 中塚幹也「学校保健における性同一性障害――学校と医療との連携」「日本医事新報」二〇一〇年十二月十八日号、日本医事新報社、六〇―六四ページ
(38) 中塚幹也「「性同一性障害」を性教育で取りあげる」「現代性教育研究ジャーナル」第二十九号、日

本性教育協会、二〇一三年、一―五ページ

（39）前掲「性別違和感を持つ思春期当事者への支援」

（40）前掲『学校の中の「性別違和感」を持つ子ども』

（41）中塚幹也「性同一性障害診療を取り巻く課題と今後の展望」「医学のあゆみ」二〇一六年一月二十三日号、医歯薬出版、三一二―三一六ページ

（42）前掲「性同一性障害――総論」

（43）前掲「性同一性障害診療を取り巻く課題と今後の展望」

（44）中塚幹也「岡山市の職員が知っておきたい性的マイノリティ（ＬＧＢＴ）の基礎知識」岡山市、二〇一五年、一―二一ページ

コラム１　ＬＧＢＴ／ＳＯＧＩに関する包括的な法整備の必要性

谷口洋幸

はじめに

いじめや自死対策を中心に教育分野でＬＧＢＴないし性的指向・性自認（ＳＯＧＩ）に関する議論が進むにつれ、より根本的な対策の必要性が認識されるようになってきた。その一つにＳＯＧＩに関連する差別や人権侵害に関する法整備の議論がある。内容や方向性の違いから、「差別解消」と「理解増進」の二系統で検討が進められている。以下、差別や人権侵害に関する日本の法整備の状況を概観したうえで、二つの系統を比較し、日本のＬＧＢＴ／ＳＯＧＩに関する法整備のあり方を考えてみたい。

差別禁止・人権保障に関する法の未整備

日本はそもそも差別や人権侵害に関する法整備が手薄である。現在、三つの法律が差別や人権侵害に特化して制定されている。男女の雇用・労働領域での差別解消に向けた「雇用の分野における男女の均等な機会及び待遇の確保等に関する法律（男女雇用機会均等法）」、障害がある人々の生活全般の現状を改善するために制定された「障害を理由とする差別の解消の推進に関する法律(障害者差別解消法)」、そして被差別部落出身者や居住者に対する差別に取り組むための「部落差別の解消の推進に関する法律(部落差別解消推進法)」の三つである。

この三つの法律の重要性は強調してもしきれないが、しかし、差別の定義や人権侵害の認定、救済措置などを一般的・包括的に定めた法律はいまのところ制定されていない。現行憲法は基本的人権の保障を原則の一つとして掲げ、個人の尊厳(第十三条)や差別の禁止(第十四条)を規定しているが、これらの規定は抽象的であり、内容はあいまいである。差別とは何か、人権侵害とは何か、人権の制限理由である「公共の福祉」とは何か。その解釈は学説や判例に委ねられているだけでなく、権力をもつ側が自由に解釈・適用することも現実的には可能である。人権侵害の認定を誰がどのようにおこない、被害を受けた個人はどこからどのような救済を得られるか、といった手続き面もほとんど整備されていない。人権の対国家性という根本原理から考えれば、差別禁止や人権保障に関する法整備は、その救済手段の構築も含めて急務である。事実、国連自由権規約委員会をはじめとする人権条約の履行監視機関は、日本に包括的な差別禁止法がないことや独立した国内人権機関が存在しないことに懸念を表明し、法整備に向けた改善勧告を発し続けている。ところが、再三にわたる国際社会からの勧告にもかかわらず、法整備の実現のめどはたっていない。

もちろん、包括的な差別禁止法について議論が皆無だったわけではない。二〇〇二年から断続的に「人権擁護法案」が国会に上程され、禁止される差別処遇の根拠や人権侵害の救済手段などを議論してきた。しかし、報道に対する恣意的な規制への懸念や人権救済機関の独立性に関する疑義などを理由に、法案は継続審議（事実上の廃案）になっている。

ＬＧＢＴ／ＳＯＧＩと人権への認識

このように包括的な差別禁止法が存在しないなかでも、ＬＧＢＴ／ＳＯＧＩに関連する差別や人権侵害には一定の関心が払われてきた。

たとえば、前述の「人権擁護法案」には、差別が禁止される項目の一つに「性的指向」が含まれていた。法律の原案にあたる「人権救済制度の在り方について（答申）」（法務省人権擁護推進審議会、二〇〇一年五月二十五日）では、性的指向の解説として、「同じく性的少数者に位置づけられる性同一性障害、インターセックス（先天的に身体上の性別が不明瞭であること）を理由とする差別的取扱い等についても、同様に積極的救済を図るべき」とも述べられている。

また、法務省の人権啓発活動の基礎となる年間強調事項には、二〇〇三年から性的指向にもとづく差別や偏見の除去が掲げられ、翌年には性同一性障害も追加された。啓発事業の資料として作成されるパンフレットや啓発用のウェブサイトには、これらの事項についての解説が掲載されていて、ＬＧＢＴ／ＳＯＧＩに関する社会の理解や認識の向上に役立てられている。

これに呼応して、地方自治体が制定する人権施策の条例や計画、また、男女共同参画施策の条例や計画のなかにも、性的指向や性同一性障害の語は頻繁に登場するようになってきた。特に第三次男女共同参画基本計画に複合差別の一形態として性的指向や性同一性障害が明記されたことを受け、男女共同参画施策の一つに位置づける動きも活発化している。二〇一五年に東京都渋谷区が同性カップルにパートナーシップ証明書を発行することを決めた条例も、男女共同参画施策の文脈で実施されたものである。

LGBT／SOGIに関する法整備

このように、法律や行政の分野で、これまでLGBT／SOGIの人権がまったく意識されていなかったわけではない。ところが、十年以上も前からの地道な取り組みにもかかわらず、LGBT／SOGIに関連する差別は解消されず、人権の保障も不十分な状況が続いている。

LGBT法連合会がまとめた困難リストによれば、個人のライフコースのあらゆる場面で、さまざまな不利益が生じ続けている。本書に直接的な関連性をもつ「子ども・教育」には六十項目が列挙されていて、その内容も多岐にわたる。法務省の人権啓発における年間強調事項として十年以上も掲げられてきたにもかかわらず、現実の不利益が解消されていないどころか、行政側が支援を拒否したり問題を先送りしている面もある。このため、明確な法律を制定することが、次の段階として重要だと認識されるようになってきた。

現行法のうちLGBT／SOGIに関連する唯一の法律が二〇〇三年に制定された「性同一性障害者の性別の取扱いの特例に関する法律（性同一性障害者特例法）」である。この法律によって、一定の条件を満たした性同一性障害者は戸籍上の続柄に記載された性別を変更できるようになっている。しかし、同法はあくまで戸籍記載の変更という限定的な場面を扱うにすぎず、対象も性同一性障害の診断を受けた人に限られている（第二条）。性自認そのものを法的に承認する手続きではなく、仮に性別が変更できても、その後の社会生活の平穏さを保障するものでもない。あくまで身分登録の手続き上の特例であり、差別禁止や人権保障を直接的に規定したものではない。その他、いじめや自死対策での性的マイノリティへの言及や、セクシュアルハラスメントの防止、教育現場での性同一性障害への配慮通知など、個別的な行政上の取り組みも進められてきた。しかし、いずれも内容や対象が限定されていて、包括的な法整備にはいたっていない。

包括的な法整備の検討

この状況を打開するために提案されているのが、ＳＯＧＩに関連する包括的な法整備である。提案は大きく分けると「差別解消」と「理解増進」の二つの系統がある。

ＳＯＧＩを理由とする困難リストを作成したＬＧＢＴ法連合会が論点を整理し、その提言に即して二〇一六年に民進党などの野党四党から公表されたのが、「性的指向又は性自認を理由とする差別の解消等の推進に関する法律案」である。政府や行政機関はもとより、事業者や使用者による差別も禁止していて、合理的配慮の提供やハラスメントの防止など、男女雇用機会均等法や障害者差別解消法にならった規定が多く含まれている。また、支援体制の確立や審議会の設置など、差別解消に向けた具体的な手続きも盛り込まれている。

一方、同じ時期に、与党である自民党が「性的指向及び性自認の多様性に関する国民の理解の増進に関する立法措置の概要」を公表した。ここで提案している立法措置の内容は「人権教育及び人権啓発の推進に関する法律（人権教育法）」にならっていて、施策の義務化そのものについて、努力義務も含め、慎重な姿勢が貫かれている。これはＳＯＧＩ差別を解消する前段階として、まずは一般社会での理解を促進することが必要という考えにもとづく。地方自治体や事業者が取り組む契機や根拠にはなりうるものの、あくまで理念的な法律にとどまる。

もっとも、「差別解消」と「理解増進」という二つの系統は相反するものではない。一般社会での理解や認知が進まなければ差別は解消されないし、差別解消の手続きがなければ、社会にはびこる偏見や固定観念は払拭できず、理解は進まない。法務省の人権施策や内閣府の男女共同参画施策として、すでに十年以上にわたってＬＧＢＴ／ＳＯＧＩの人権に関する理解の増進は図られてきた。しかし、その取り組みが不十分だったことは、困難リストに挙げられた二百六十四件に及ぶ事例からも明らかである。現状を打開するためには、人権教育法を強化して、行政機関などの取り組みにＳＯＧＩを含める法的根拠をもたせながら（理解増進の系統）、それと同時に、差別の解消に向けた手続きや制度を構築していかなければならない（差別解消の系統）。

ＳＯＧＩという用語の選択

さらに、「差別解消」も「理解増進」も、その基盤としてＳＯＧＩの語を採用していることの意義を強調しておきたい。なぜＬＧＢＴや性的マイノリティという語ではなく、ＳＯＧＩなのか。その背景には国際的な人権保障の動向がある。

これまで、前述のような問題は「同性愛（者）」や「性同一性障害（者）」の人権保障として論じられてきた。しかし、「同性愛（者）」という用語は十九世紀末頃から欧米諸国で用いられ始めたものであり、もともと日本語にはなかった概念である。同性愛、あるいはそれを主体化する同性愛者ないしレズビアン、ゲイ、バイセクシュアルといった表現は、地理的にも歴史的にも普遍性をもつものではない。また「性同一性障害（者）」という概念は医療上の診断名であり、日本のように個人を名指して用いられることはまれである。英語圏ではトランスジェンダーという概念が用いられるが、日本の「性同一性障害（者）」とは用語の成立経緯も使われ方も大きく異なっている。そのトランスジェンダーという概念自体も、地理的、歴史的に普遍性をもつものではない。言い換えれば、Ｌ・Ｇ・Ｂ・Ｔそれぞれの語や総称としてのＬＧＢＴは、日本語として不明確であるだけでなく、普遍性をもつ概念でもない。

また、性的マイノリティ、またはセクシュアル・マイノリティ、性的少数者といった表現もこれまで多く用いられてきた。現在では、「ＬＧＢＴ（性的マイノリティ）」という表記もみられるが、英語圏で sexual minority（-ies）という表現はあまり見かけない。その一つの理由が、マイノリティ（少数者、minorities）という語句の人権史上の特徴である。国際社会が人権問題として取り上げてきたマイノリティは、「国民的、種族的、宗教的、言語的」なマイノリティである（マイノリティ権利宣言第二条）。各要素が近代国家の形成過程で生じてきた課題であることに鑑みれば、そこに「性的」という概念を読み込むことはむずかしい。実際、国際的人権保障のなかで、ＬＧＢＴ／ＳＯＧＩの人権問題が「マイノリティの人権」の文脈に位置づけられたことはない。

このような背景のもと、国際的人権保障の領域を中心に、SOGIという概念が採用されてきた。たとえば二〇〇六年に採択されたジョグジャカルタ原則は、人間の属性にすぎないSOGIが人権侵害の理由になってはならないことを明確にした。それが生得的か否か、変更不可能か否かといった「科学的」立証とは関係なく、また、同性愛者や性同一性障害者、レズビアン、ゲイ、バイセクシュアル、トランスジェンダーというアイデンティティをもつか否かを問うていない。SOGIは、異性愛者や性別違和をもたない人々も含めて、すべての個人がもつ属性である。にもかかわらず、既存の人権保障の議論は、一部のSOGIしか想定してこなかった。性的指向は異性に向くことを前提として、性別は身体と一致していることを当然視して社会制度が構築され、そのような人しか存在しないかのように人権保障の議論がなされてきたのである。さらに、人権侵害を受けるのはLGBTというアイデンティティをもつ当事者だけではない。侵害する側から「そのように認識されていること（perceived to be）」も人権侵害の理由になりうる。当事者のアイデンティティに向けられたものであれ、社会の側の認識や権力構造に由来するものであれ、一つの属性だけを理由とする差別に正当性はない。SOGIという用語は、そのことを示すために有効なものである。

国際社会が要請するSOGI立法

LGBT／SOGIに関する包括的な法整備は、国際社会からの要請でもある。たとえば、国際人権自由権規約の履行監視機関である国連自由権規約委員会は、二〇一四年に日本に対して次のように勧告した。

締約国は、性的指向及び性自認を含む、あらゆる理由に基づく差別を禁止する包括的な反差別法を採択し、差別の被害者に、実効的かつ適切な救済を与えるべきである。締約国は、レズビアン、ゲイ、バイセクシュアル、トランスジェンダーの人々に対する固定観念及び偏見と闘うための啓発活動を強化し、レズビアン、ゲイ、バイセクシュアル、トランスジェンダーの人々に対する嫌がらせの申立てを捜査し、またこうした固定観念、偏見及び嫌がらせを防止するための適切な措置をとるべきである。（「自由権規約（市民的及び政治的権利に関する国際規約）第四十条一（ｂ）に基づく第六回政府報告に関する自由権規約委員会の最終見解」〔二〇一四年七月二十四日〕）

このように、委員会の勧告のなかで、ＬＧＢＴ／ＳＯＧＩに関する差別の被害者への効果的救済や申し立て手段の確保、さらに、偏見や固定観念の除去のための啓発活動の強化が求められている。言い換えれば、国会レベルで議論が始まっている「差別解消」と「理解増進」の両方ともが要請されている。二〇〇八年に出された同委員会の前回の勧告でも同様のことが指摘されている。また社会権規約委員会の総括所見（二〇一三年）や国連人権理事会の普遍的定期審査での勧告にも、ＬＧＢＴ／ＳＯＧＩに関する法整備が含まれており、女性差別撤廃委員会もLBT女性を含む複合的な差別の現状への取り組み強化を勧告している。

このような国際社会からの要請は、いずれも条約履行監視機関や国連機関が日本の人権状況を精査したうえで出されているものである。人権状況に関する日本政府報告書には、LGBT／SOGIに関連して、たとえば性同一性障害者特例法によって法的な性別が変更可能であること、第三次男女共同参画基本計画に「性的指向」と「性同一性障害」への取り組みが明記されていること、法務省が「性的指向」と「性同一性障害」を人権課題に掲げていること、国連でSOGIの人権に積極的な役割を果たしていることなどが記載されている。しかし、これらの内容だけでは不十分と判断され、SOGIを含む包括的な法整備が要請されているのである。

確認しておくべきは、日本政府報告書に記載されているとおり、国連のLGBT／SOGIに関連する人権保障の取り組みのなかで、日本が積極的な役割を果たしてきた事実である。二〇〇八年に国連総会に提出されたSOGIの人権保障に関する共同声明では共同提案国の一つになっていて、一一年と一四年に採択された国連人権理事会の「SOGIと人権に関する決議」では、理事国として賛成票を投じている。国連で結成されたLGBTコアグループの一員でもあり、LGBT／SOGIの人権保障の中心的役割を自ら買って出ているのである。加えて、ロシアやイスラーム諸国によるLGBT／SOGIの人権課題化を阻止する動きには、明確に疑義を唱えている。自らが関与したLGBT／SOGIの国際的人権保障の要請だからこそ、国内でその実現に向けて具体的な措置を講じる責任があるのではないか。

まとめ

差別や人権に関する法整備が遅々として進まない状況下でも、ＬＧＢＴ／ＳＯＧＩの人権に関する意識啓発などは十年以上にわたって進められてきた。しかし、教育分野を含めて、差別や不利益取り扱いの例は後を絶たない。包括的な法整備として提案されている「差別解消」と「理解増進」は、同時並行で実現していくべきものである。その実現は、何度も国際社会から要請されてきた。国際社会での積極的な姿勢と矛盾することなく、国内でもＬＧＢＴ／ＳＯＧＩに関する包括的な法整備が早期に実現されることを期待したい。

第3章
多様な性をもつ子どもの現状と教育現場で求められる対応について

薬師実芳

はじめに

二〇一五年四月三十日、文部科学省から「性同一性障害に係る児童生徒に対するきめ細やかな対応の実施等について」という通知が出され、そこには、学校現場で、性同一性障害を含む性的マイノリティの子どもたちに対しての支援や、教職員や子どもたちの理解向上に努める必要性が明記されていた。本章では、なぜいま、教育現場で多様な性をもつ子どもへの対応が必要なのか、性的マイノリティの子どもの現状と教育現場で求められる対応について考える。

1　性的マイノリティの子どもの現状

ＬＧＢＴなどの性的マイノリティが自殺のハイリスク層であることは、「自殺総合対策大綱――誰も自殺に追い込まれることがない社会の実現を目指して」（二〇一二年八月二十八日閣議決定）にも明記されている。性同一性障害者の約五八・六％が自殺念慮を抱き、約二八・四％は自傷や自殺未遂を経験したという調査もある。(1) 自殺念慮を抱く第一のピークは思春期の中学生の頃であることからも、特に学校現場での理解向上や支援体制が急務だと考えられる。また、小学校から取り組む必要はないのではという声も聞かれるが、性同一性障害者の場合、半数以上が小学校入学前に性別違和を感じ始めているという調査[2]もあり、幼少期から適切な支援と正しい情報提供が求められる。

さらに、ＬＧＢＴの約六八％がいじめや暴力を経験[3]、性同一性障害者の約二九％が不登校を経験している。[4] 性的マイノリティの子どもが教育現場で直面している課題を知ることこそが、性的マイノリティの子どもにとっても安全に過ごせて、教育機会を失わない教育現場へとつながる。

2　性的マイノリティの子どもが教育現場で困りやすいこと

手記から（ハルキ：二十歳・トランスジェンダー男性〔心の性は男性、生まれたときの身体の性は女性〕）

幼稚園のときから、性別に違和感を持っていました。小学校に入ってからは、並ぶ列や、さん／くん付けなど、いろんなところで男女に分けられる際に、女子のほうに分けられたので、「自分は女なんだな」と驚いたのを覚えています。中学校に入ると、制服でスカートをはかないといけないことと、二次性徴で変わっていく身体が受け入れられず、苦しい毎日を過ごしました。

耐えきれず、高校受験を終えた三月に母親に手紙でカミングアウト。しかし、母には「あなたは男の子の友だちもいないし、学校でも普通に過ごしているし、違うんじゃない？」と言われ、最初は互いに感情的になりましたが、徐々に受け入れてくれました。

女子生徒として扱われることと、制服のスカートの着用に耐えられず、高校一年生の秋から高校に通えなくなりました。両親と話し合って、制服のない高校への転校も考えましたが、「その前に一度学校に掛け合ってみない？」という母親の助言で、まずは、部活の顧問の先生に相談をしました。当時一番の悩みだった制服の問題を解消しようと、前向きに考えてくださり、「上は女子のブレザーで、下だけ男子の学ランのズボンにしたら？」とご提案頂きました。しかし、「制服を変えるにあたり他の生徒に説明をするので、どうせなら男子の学ランが着たい」と伝えました。先生方からは反対を受け、養護教諭にも相談したところ「前例がなくそんな話は聞いたことがない」と言われました。

その後、校長先生をはじめとした先生方との根気強い話し合いの結果、高校一年生が終わるころから、男子の制服を着て、男子生徒として登校できるようになり、学年全体と教職員にカミングアウトをし、トイレや更衣室、体育の授業、宿泊行事などでも、さまざまなサポートをしていただき学校生活を送ることができました。

今思えば、対応がわからないからこそ私を傷つけないようにと思って、学校でのカミングアウトや制服を変えることを勧めなかったのかもしれません。でも、当時の私は、保健室の先生をはじめ、先生方に、自分の気持ちに寄り添い、学校生活のサポートをしてほしかったなと思っています。性別の違和感に悩む児童・生徒が学校にいることを頭の片隅に置いていただき、その子の思いに添って対応していただけたら、嬉しいです。

性的マイノリティの子どもが困りやすいこと

教育現場で性的マイノリティの子どもが困りやすいことは多数あるが、五つに分けて記載する。

男女で分けられること

敬称（〜さん、〜くん）、持ち物の色、名簿や席順、またトイレや修学旅行の部屋といった、男女で分けられているもの／ことだ。敬称や持ち物の色、席順などは男女を一緒にする対応が可能だが、トイレや修学旅行の部屋、さらには健康診断の場所などは男女一緒にすることはむずかしく、一緒にすれば解決するものではないからこそ、個別対応が必要となる。

〈声〉

・トイレで立って用を足すのに抵抗があった。学校で個室を使うと「うんこしてる」ってからかわれるから、給食の時間に体育館やプールなど、ひと気がないトイレを使っていた。（二十代・トランスジェンダー女性〔心の性は女性、生まれたときの身体の性は男性〕）

・女子の制服がいやで、スカートの下に常にズボンをはいていた。それは反抗じゃなくて制服がいやだったからなんだけど、頭ごなしに怒られてつらかった。（二十代・トランスジェンダー男性）

・健康診断で男子は上半身裸で待つのがいやだった。先生に「いちばん最後にしてほしい」と相談したが取り合ってもらえなかった。（二十代・ゲイ）

「いないこと」になっていること

どの子どもも性別に違和感がなく、異性愛者であることが前提になっていると、そうでない子どもたちは困難を感じやすい。また、たとえば、男の子は男の子らしくしなければならない、女の子は女の子らしくしなければならないという考え方や、誰もが結婚や子育てをしなければならないという規範があると、性的マイノリティの子どもだけでなく、男の子らしくしたくない男の子や、女の子らしくしたくない女の子、異性愛者であっても多様なライフスタイルを望む子どもや、実際、多様な家族の形をもつ子どもにとっても、困難を感じやすくなる。

〈声〉

・歴史の授業で「○○と○○ってホモで、できてたらしいぞ」といって、クラス全体が笑った。自分もばれないようにと無理して笑ったけれど、自分で自分のことを笑っているようでつらかったし、この学校ではカミングアウトできないと思った。(二十代・ゲイ)

・中学校の総合の授業で、将来設計をしようという授業があった。「いつ結婚しますか?」「いつ子ども生みますか?」みたいな。「私の人生にはそれらが事前に組み込まれていて、時期だけ微調整するものなのかな?」って思った。(二十代・レズビアン)

・運動部に入っていたが、男らしさ・女らしさを強調されることが多くて、たいへんだった。「男は重いもの運べ! 女に運ばせるな!」みたいな。(二十代・MtX〔Male to X. 心の性は男性/女性いずれにも決めない、身体の性は男性〕トランスジェンダー)

正しい知識にアクセスできないこと

高校生の約九割がＬＧＢＴや多様な性に関して学校で習ったことがないという(5)。教職員や保護者に正しい知識を教えてもらえないことで、「自分はおかしいのではないか」など自己否定につながりかねないため、適切な情報提供が必要である。

〈声〉

・小学校で「性同一性障害かも」と思った頃からインターネットで情報を探したが、間違った情報が多かった。たとえば、「仕事の選択肢はない」とか「ホルモン療法等の治療をしたら、寿命は三十歳」とか。それらの情報を信じて、どう生きていけばいいのかわからなくなった。（二十代・トランスジェンダー男性）

・テレビのなかでも学校でも男性が好きな男性は笑われる対象だったり、きもいと言われる対象だったから、自分のことを気持ち悪い存在だと思っていた。（二十代・ゲイ）

身近に相談できる人がいないこと

周りの無理解などから相談できないと感じたり、相談をした際に否定をされることで、相談ができない環境が生じやすく、性的マイノリティの子どもは孤立したり、困りごとが深刻化しやすい。

〈声〉

・女子の制服から男子の制服に変えたいと学年主任の先生に話をしたとき、「勘違いなんじゃな

い？　そんなこと気にしなくていいだろ」と否定的な対応を受けた。（二十代・トランスジェンダー男性）
・中学の頃いじめられていた。「ほんとに女か？」と制服を脱がされたり、上履きをトイレにいれられたり。全学年の人に「男みたいできもい」「レズ」と言われていたが、誰にも相談できなかった。（二十代・トランスジェンダー男性）

自分の生きていく姿が思い描きにくいこと
　性的マイノリティの大人の姿がイメージできないことで、大人になれないのではないか、この地域で生きていけないのではないかなど、不安が生じやすい。
〈声〉
・ＬＧＢＴの大人に会ったことがなかったから、仕事をしたり、家族やパートナーをもったり、友人関係を築いたり、「普通に」生活している姿をイメージできなかった。将来に対する不安がいつもあって、進路を決めるときもなかなか勉強に身が入らなかった。（二十代・ゲイ）
・自分はいわゆる結婚はしないんだけどな、っていう思いがあったが、学校でのキャリア教育は結婚が前提で、自分の将来が描けなかった。「いろんな生き方があるんだよ」とか「いろんな家族があるんだよ」ってもっと早くから教えてほしかった。（二十代・レズビアン）

3　教育現場で求められる対応

ＬＧＢＴなどの性的マイノリティは国内人口の約七・六％[6]という調査もあり、約十三人に一人いると考えられる。しかし、ＬＧＢＴであるかどうかは見た目だけでは判断できない。性的マイノリティの人は女の子らしい男の子や、男の子らしい女の子だと思う人もいるが、男の子らしい男の子や女の子らしい女の子のなかにも、性的マイノリティの子どもはいる。だからこそ、特定の子どもにとってだけではなく、すべての子どもにとって、セクシュアリティにかかわらず過ごしやすくなる工夫が大切となる。そのためには、みんながセクシュアルマジョリティだという前提ではなく、異性を好きにならなかったり、性別に違和感をもっていたりする子どもがクラスにいることを念頭におくことが、何よりも大切である。

相談を受ける際に教職員に望まれる対応

教職員が子どもから相談を受ける際、ぜひ思い出してほしい「三つのステップ」と「二つの〝ナイ〟」を紹介する。

ステップ１：聴く

初めて人に話すという子どもも少なくないため、他の人がいない場所に移動するなど、安心して話せる環境づくりを意識する。また、「話してくれてありがとう」と伝えるなど、その子どもが今後も安心して相談できるように声をかける。

ステップ2：知る

その子ども自身がどうして伝えてくれたのか、何に困っているのかを聞く。一人ひとりの困りごとは異なるからこそ、性同一性障害者だから、同性愛者だからこういった対応と一元化することはできない。たとえば制服で困っていたとしても、ジャージ着用時間を延ばしてほしいのか、ジャージで登校したいのか、女子にもスラックスの制服を導入してほしいのか、男子の制服を着たいのか、私服を着たいのか、個人個人で求めている対応が違う。また、子どもによっては、何か対応を求めているのではなくて、自分のことを知ってほしい、誰かに聞いてほしいという気持ちでカミングアウトをする場合もある。

ステップ3：つなげる

性的マイノリティの子どもが情報を収集したり、性的マイノリティの人たちと交流するために、多様な性に関する本や、電話相談、自助団体などを必要に応じて伝える。また、教職員自身も匿名性を守りながら、相談機関を活用することをためらわない。

決め付けない

セクシュアリティはアイデンティティだからこそ、本人にしか決められない。だからこそ、「思い過ごしだ、そのうち治る」「きっとゲイにちがいない」などその子どものセクシュアリティを否定したり、決定を促したりしないようにする。セクシュアリティは迷ったり、決めないでいたり、いつ変わったりしてもいい。無理にあてはめようとせず、その子のままに受け止める。

広めない（共有しない）

セクシュアリティが意図せず他の教職員や保護者、児童・生徒に伝わることで学校・家庭・地域で安全に過ごせなくなる場合もある。生命の危機など、緊急性が高い場合を除き、情報共有が必要な場合は、共有してもいい範囲を本人に確認して了承を得ることが望ましい。

日常的に教職員に望まれる対応

周りの児童・生徒や保護者などへの対応

学校のなかで「ホモきもい！」「おまえおネエか！」というような、多様な性への揶揄などがあった際は、「多様な性の問題だから」と身構えるのではなく、他の人権課題への揶揄と同様の対応をしてほしい。

しかし、その際に念頭においてほしいのは、いじめられている子どもが性的マイノリティとは限らないことである。とはいえ、性的マイノリティでなくとも、性的マイノリティだというじめが自死につながったケースもあり、同様に深刻だと考えられる。また、いじめている子ども自身が性的マイノリティであり、自分を守るためにそのような揶揄やいじめをしているケースもある。約十三人に一人は性的マイノリティだからこそ、その揶揄・いじめの場面を見ている子どものなかに、性的マイノリティの子どもがいて、先生の対応によって、「ああ、やっぱりここでは相談できない」と思ったり、「この先生だったら相談できるかも」と思ったりするきっかけになる。だからこそ、多様な性に関する揶揄やいじめは見過ごさず、そのつど対応していただきたい。

また、性的マイノリティの子どもと同様に、保護者も孤立しやすく、誰にも相談できず一人で抱え込んでしまう保護者も少なくない。だからこそ、ＰＴＡや保護者会、保護者の目に届くプリントなどで保護者へも情報提供をすることが理想的だ。

今日からできること

相談を受けたときの対応も非常に大切だが、「何か困ったことがあっても、もう限界になったらこの人には相談できる」と思える先生が一人でもいることが、その子どもが明日も学校へ通えること、ひいては生きていけることへつながるのではと考える。そのためにも、「相談しやすい先生」であってほしい。

たとえば、日常的に「男なんだから／女なんだから」などのように性別で分けた表現をしないことや、「みんないつか結婚するんだから」などのようにみんなが異性を好きになることを前提とせず、「好き」の形や「家族」の形はさまざまであることを前提に話をしてくれる先生は相談しやすい。

また、日常的に「多様な性について知っているよ」というメッセージを発信することも大切だ。多様な性について取り上げたニュースをホームルームの時間に肯定的に話す、学級通信などの配付物や掲示物に書く、多様な性に関する本を学級文庫や図書室、保健室などに置いてくれる、性的マイノリティへの理解と応援の象徴である六色のレインボー（赤・橙・黄・緑・青・紫）を身に着けたり、貼ったりするなど、「多様な性について知っているよ」というメッセージを発信してくれる先生には、安心して相談しやすい。

本当に困ったときに相談できると思える大人が身近に一人でもいることが、性的マイノリティの子どもが大人になるための後押しになるからこそ、ぜひその存在に教職員一人ひとりがなってもらいたいと願う。

4　国内の好事例と課題

前述のように、二〇一五年四月、文科省が性同一性障害や性的マイノリティの児童・生徒へ配慮を求める通知を全国の小・中・高校などに配布するなど、昨今、教育現場での性的マイノリティの子ども・若者への取り組みが始まっている。

教育関係者への機会提供

いま、教職員に向けた多様な性をもつ子どもについて知るための資材の開発への取り組みが始まっている。

文部科学省による教職員向けマニュアル

二〇一六年四月、文部科学省が性的マイノリティの子どもへの対応の手引書を作成し、全国の小・中・高校などに配布した。性的マイノリティに関する用語の解説や、調査結果の報告、性的マイノリティの子どもに求められる対応などについて記載され、多様な性をもつ子どもについての教職員の意識・知識向上を後押しすることにつながった。

自治体による教職員向け教材

自治体が教職員に向けた性的マイノリティの子どもの対応についての冊子などを出す事例が増えている。大阪市淀川区・阿倍野区・都島区が三区合同で教職員向けの性的マイノリティについてのハンドブックを制作したことや、埼玉県、東京都武蔵野市、神奈川県横浜市などが特定非営利活動法人 ReBit とともに教職員向けの性的マイノリティについてのハンドブックを作成し、自治体内の全校に配布したことが事例として挙げられる。

子どもへ知る機会の提供

多様な性についての情報を子どもに提供するための取り組みも始まっている。

高校教科書への記載

二〇一七年度から高校で使われる教科書に、ＬＧＢＴという言葉が初めて登場する。性的少数者や多様な家族については地理歴史や公民、家庭などの教科書に記述があり、多様な性について考えようという動きが教科書にも広がっている。

副読本への記載（福岡市）

二〇一五年に福岡市教育委員会が小学生向けの副読本に性的少数者を扱ったページを設けた。人権読本『ぬくもり』（小学校五・六年生版）に掲載された。

自治体による指導資料／学習教材（神奈川県）

神奈川県教育委員会が作成する人権教育指導資料、学習教材のなかの教職員向け研修、小・中・高校生向け個別の指導案やワークシートに性的マイノリティの項目が入っていて、全校に配布している。

幼児・児童向け出版物
『タンタンタンゴはパパふたり』（ジャスティン・リチャードソン／ピーター・パーネル文、ヘンリー・コール絵、尾辻かな子／前田和男訳、ポット出版、二〇〇八年）、『いろいろな性、いろいろな生きかた』（全三巻、渡辺大輔監修、ポプラ社、二〇一六年）など、幼児や小学生が多様な性について知るための絵本や児童書が発刊されている。幼少期から多様な性や多様な家族、ひいては多様性について知るための資材として、その役割が期待されている。

LGBTの子どもと家族の支援体制を整える

性的マイノリティの子どもやその家族・友人・教職員などが孤立しないためにも、相談支援や居場所づくりが各地域に求められている。

自治体による居場所づくり
大阪市淀川区は、二〇一三年九月に全国で初めて行政として「LGBT支援宣言」を発表し、性的マイノリティに関する正しい知識と理解を深め、少数者の人権を尊重したまちづくりを進め、相談事業や啓発事業などと合わせ、定期的にLGBTなどのためのコミュニティースペースを運営している。このような場所づくりの取り組みは、東京都渋谷区・世田谷区、神奈川県横浜市など、さまざまな地域で進められている。

国内の取り組みの課題

しかし、国内の取り組みの課題はまだまだ多い。以下、項目ごとに整理する。

教育関係者へ知る機会の提供

性的マイノリティの子どもにも適切な対応をするために、教員養成課程に多様な性について学ぶ授業を設けたり、教職員への人権研修／資材などで広く多様な性について学ぶ機会を提供することが重要である。

子どもへ知る機会の提供

性的マイノリティの子どもの自殺念慮を抱く第一ピークは思春期の中学生の頃だといわれるからこそ、学齢期に正しい知識提供をすることが望ましい。そのためにも教科書などに多様な性についての記載が広がることや、多様な性をもつ人が想定されていない記載の改定が必要だと考えられる。

性的マイノリティの子どもと家族などの支援体制を整える

特に子どもの時期に各市区町村に支援体制があることが大事である。家族や教職員にも相談していない場合に、遠くに支援体制があったとしても子どもはたどり着けないからだ。また、孤立するのは子どもだけではなく、性的マイノリティの子どもをもつ家族も不安をかかえやすいため、家族会など家族や友人、教職員などのための支援体制も重要である。

5　多様な性についての教育実践

筆者が所属するReBitは、「LGBTを含めた全ての子どもがありのままの自分でオトナになれる社会」を目指し、教育現場での多様な性についての理解促進を促す「LGBT教育」事業を実施してきた。その一つの取り組みとして、二〇一〇年二月から、教育現場への出張授業や研修をおこない、小学校一年生から大学生などの児童・生徒・学生、教職員、教育委員会、自治体、市民講座、保護者、内閣府など、あらゆる立場・年代の人々に対し、授業や研修を五百回以上、約四万人に向けて届けてきた。その実践について述べる。

教育現場での多様な性についての出張授業の特徴

ReBitの出張授業には、二つの特徴がある。

一つ目は、多様な性という切り口を通じて、「自分らしさはすごくすてきだよね」ということや、「誰かと違うことは悪いことではない」など、性のあり方を含めたどんな違いも受け入れ合っていく大切さを伝えることをねらいとしていることである。

二つ目は、「授業を受ける人にとって身近な授業をする」ことだ。ReBitの授業講師（以下、メンバー）は主に性的マイノリティの大学生が務め、年代的にも、またグループワーク形式で距離的にもできるだけ受講生に近くすることを大切にしている。「性的マイノリティの人」としてではなく、「性的マイノリティでもある」一人ひとりに実際の「出会い」を通じ、多様な性を知識として知るだけにとどまらず、体感的に知ってもらうための授業を目指す。

また、発達段階に合わせて授業の内容や目的を変えている。小学生に向けては、多様な性という切り口を通じ「自分らしさが大事」であることを伝える授業をしている。中・高生には、メンバーが心に残ったカミングアウトのエピソードを伝えたり、自身がカミングアウトを受けたらどういうふうに声をかけられるか話し合ったりするなど、他者理解や多様性理解につながる授業をしている。大学生には学部や授業に合わせて、人権課題の側面や、社会背景についても話をしている。教職員に向けては、基礎的な知識や性的マイノリティの学生の体験談とともに、性的マイノリティの子どもが困りやすいことを体系化し求められる対応や、相談しやすい先生になるための実践についても伝える。

小学校での多様な性についての教育実践

小学校の授業は主にグループワーク形式でおこなう。受講生五人から十人ほどの各班にメンバーが一人ずつ入り、車座になって対話をする形だ。子どもたちがメンバーとの出会いを通じて多様な性について体感的に知ることを目指す。そのため、一・二学年合同で体育館などの広い空間でおこなう。時間は二コマ連続で実施することが多く、休憩時間をはさみながら九十分ほどの授業をする。

さまざまなセクシュアリティがあることを知る

授業はまず、一人のメンバーが進行役として前に立ち、全体でミニクイズをすることから始まる。幼少期といまで表現する性が変わっているトランスジェンダーのメンバーの幼少期の写真を当てるもの、そして、同性愛のメンバーの好きな芸能人を当てるものの二問をおこなう。たいていの子どもたちが多様な性について意識することが日常で多くないためか、一問目のトランスジェンダーのメンバーのクイズの解答でいつも大きな驚きの声が上がる。一問目で今日の授業内容をなんとなくつかんだ子どもたちは、二問目の同性愛のメンバーのクイズでは少し正答率が上がるが、それでも驚きは少なくない。このことからも、性的マイノリティの人に〝目に見える形で〟会ってこなかったことがわかる。

その後の基礎知識では、性的マイノリティという言葉からは入らず、「男の子が好きな男の子もいるよ」「男の子の身体で生まれた女の子もいるよ」と、専門用語は使わずに多様な性について紹介をする。本授業の目的は用語を覚えてもらうことにあるのではなく、知らなかったことを新たに知った自分と対峙し、そのときにもった素直な感情を大切にしてほしいと思うからだ。自身に該当するセクシュアリティのときにはメンバーがその場で立ち上がり、実際にさまざまなセクシュアリティの人がいると実感する一助になっている。

多様なセクシュアリティをもつ人と出会う

基礎知識が終わると、いよいよグループワークに入る。まずは自己紹介ゲームを通して児童との距離を縮め、その後、メンバーが自身のことについて話す「ライフヒストリー」をおこなう。これは、メンバー自身が幼少期から現在までの経験や感じたことをふまえ、性的マイノリティでもある一個人の話を通じて、多様な性について身近に感じてもらうための時間だ。各グループでメンバーが持参した紙芝居形式のパネルを用い十分程度で話す。

グループワークの後半は、「楽しいときってどんなとき？」「みんなが自分らしくいられるスローガンづくりをしよう！」などをテーマに、グループワークをおこなう。多様な性という枠組みを超えて、「自分らしさを大事にする」ことを、子どもたち自身にも感じてもらいたいというねらいがある。

受講者の反応

小学生が対象だと、「性的マイノリティのことを話してもわからないのではないか」「取り組みが早すぎるのではないか」という懸念の声が届くこともあるが、実施を重ねるなかでそうではないことがうかがえる。ReBit は授業後に、受講者へアンケートを実施していて、そのなかの「今までに「オカマ」「ホモ」「おとこおんな」という言葉を見たり聞いたりしたことはありましたか？」という設問で、「はい」と回答した割合は、小学三年生約四六％、四年生約七六％、五年生約八二％、六年生約八四％であり、多様な性への否定的な情報は、小学生の段階から子どもたちが見聞きしていることが明らかになった。また、小学四年生以降その割合が急増することから、その年代以前に、多様な性について授業内で適切に扱う必要性があると考察できる。

また、授業での「友だちに「男の子を好きな男の子」「女の子を好きな女の子」「女の子のからだで生まれてきた男の子」「男の子のからだで生まれてきた女の子」がいても、なかよくできそうだと思いましたか？」という質問には、小学校低学年の児童約九七％が「はい」と回答した。この割合は中学年・高学年の児童と比べても差異はみられず、小学校低学年での多様な性についての教育の理解度の高さがうかがえる。

アンケートの自由記述欄には、「男の子のことを好きな男の子がいてもいいと思った」（一年生）、「男の子が好きな男の子とか女の子で生まれた男の子に会っても、優しく普通の友だちとして接していこうと思いました」（四年生）、「身の回りにもいるかもしれないことを知って、引いたりしないで仲良くしたいなと思いました」（六年生）など、性の多様性を受け止めていこうとする子どもたちの姿がみられた。しかしこれは言い換えると、子どもたちは授業を受けるまで、性的マイノリティに対して〝優しく普通の友達として〟〝引いたりしないで仲良く〟接することを困難に感じていたとも解釈できる。この結果からも、幼少期から多様な性に関する正しい知識を提供する必要があることを実感している。

さらに、授業を通じ、性の多様性への理解の枠組みを超えた効果もみられた。「自分で当たり前に思っていることでも、そうではない人もいるんだなとわかりました」など多様性理解につながる側面がみられたり、「見た目やイメージで判断しないで、人それぞれの性格があるから、その人のいいところなどを見ると、もっと人に対して広い心を持てるんじゃないかと思いました」など他者を尊重する意識の向上がみられたりした。

また、「自分も誰にも言えないことがあったけれど、それでもいいと思った」（一年生）、「自分は女の子だから小学生になってからはおとなしくしていたけど、幼稚園のときのまま活発でいていいと思えた」（二年生）、「『自分らしさ』が大切ということがわかった。人に流されたり、悩みを言わなかったりするのではなく、自分の思ったことを言ったり、相談したりすることの大切さを学びました」（六年生）などの声からは、児童のセクシュアリティにかかわらず、エンパワメントにつながっていることが確認できた。なお、「男で男が好きな人がいたからぼくはとても安心しました」（四年生）の声からは、性的マイノリティと思しき児童へもエンパワメントにつながることが確認できた。

これらの感想は、ReBit の授業が多様な性を題材としているが、多様な性について理解を深めることだけでなく、他者の違いをそのままに受け止めたり、ありのままの自分を受け止められる自分になったりすることをねらいとして設定されていることが影響しているのではないかと考えられる。多様な性というテーマを通じ、他者との違いに悩んだり考えたりした経験をもつ若者が「自分らしさ」を受け止められるようになった過程を話すことが、児童・生徒のセクシュアリティにかかわらずエンパワメントにつながっていると感じられる。

おわりに

すべての子どもの命を守るためには、性自認や性的指向によって困難が生じる子どもについても教育現場で想定し、対応することが急務である。しかし、対応だけにとどまっていてもいけない。多様な性についての教育は、性的マイノリティの子どもにとっても、また性的マイノリティでない子どもにとっても、多様な性そのものへの理解の促進はもちろん、多様性への理解の促進、他者を尊重する意識の向上、児童のエンパワメントなど、すべての子どもが「自分らしさ」「その人らしさ」を大切にできるようになる効果もみられるため、教育現場でしっかりと伝えていくことが重要である。

注

(1) 中塚幹也「学校保健における性同一性障害――学校と医療との連携」「日本医療新報」第四千五百二十一号、日本医事新報社、二〇一〇年

(2) 同論文

(3) いのちリスペクト。ホワイトリボン・キャンペーン『LGBTの学校生活に関する実態調査(二〇

一三）結果報告書』二〇一三年度東京都地域自殺対策緊急強化補助事業、二〇一四年（http://endomameta.com/schoolreport.pdf）［二〇一七年五月一日アクセス］

（4）前掲「学校保健における性同一性障害」

（5）ReBit 出張授業アンケート（二〇一四年に実施）から。

（6）電通ダイバーシティ・ラボ「LGBT調査二〇一五」の調査結果から。

第4章
「性の多様性」教育の方法と課題

渡辺大輔

はじめに

文部省（当時）『生徒の問題行動に関する基礎資料――中学校・高等学校編』（一九七九年）で「同性愛」を「倒錯型性非行」とし、「社会的にも健全な社会道徳に反し、性の秩序を乱す行為となりうるもので、現代社会にあっても是認されるものではないであろう」としていた記述を一九九三年に削除してから二十年以上たった二〇一五年、文部科学省が「性同一性障害に係る児童生徒に対するきめ細かな対応の実施等について」という通知を各教育委員会などに出し、一六年には「性同一性障害や性的指向・性自認に係る、児童生徒に対するきめ細かな対応等の実施について（教職員向け）」という周知資料を公開した。また、一七年度から使用される高校の家庭科や公民科の検定教科書にＬＧＢＴという言葉が初めて記載されるといった報道が出るなど、「性の多様性」をめぐる教育環境は大きく変わりつつある。

本章では、この文科省通知が出されるまでの流れを整理することで「性の多様性」に関する学習の位置づけを明確にし、その教育の方法と課題について提起する。

1 「性の多様性」教育の位置づけ

文科省通知発出までの経緯

動くゲイとレズビアンの会（アカー）は、一九九〇年に東京都府中青年の家で合宿中に他団体から差別を受けたうえに東京都教育委員会によって今後の宿泊利用を拒否されたことに対し、翌九一年に東京都を提訴した。この裁判での東京高等裁判所による判決（一九九七年）は「都教育委員会を含む行政当局としては、その職務をおこなうについて、少数者である同性愛者をも視野に入れた、肌理の細かな配慮が必要であり、同性愛者の権利、利益を十分に擁護することが要請されているものというべきであって、無関心だったり知識がないということは公権力の行使に当たる者として許されないことである[3]」と述べた。ここでの「公権力の行使に当たる者」には、教育委員会だけではなく、そこに属する学校教職員も含まれると考えていいだろう。この裁判の過程でのアカーの申し入れによって文部省は前述の『基礎資料』の記述を削除した[4]。

その後、二〇〇二年に閣議決定された「人権教育・啓発に関する基本計画」に、「各人権課題に対する取組」の「(12) その他[5]」として、「同性愛者への差別といった性的指向に係る問題」が「その解決に資する施策の検討を行う」ものとして明記され、人権教育の課題として公的に位置づけられることになったのも、先の裁判の経緯が大きく影響している。

この「人権教育・啓発に関する基本計画」では、「人権教育の意義・目的」として次のように記している。「人権教育とは、「人権尊重の精神の涵養を目的とする教育活動」を意味し（人権教育・啓発推進法第二条）、「国民が、その発達段階に応じ、人権尊重の理念に対する理解を深め、これを体得することができるよう」にすることを旨としており（同法第三条）、日本国憲法及び教育基本法並びに国際人権規約、児童の権利に関する条約等の精神に則り、基本的人権の尊重の精神が正しく身に付くよう、地域の実情を踏まえつつ、学校教育及び社会教育を通じて推進される」。このように人権教育は学校教育と社会教育が担うものであり、したがって、「同性愛者への差別といった性的指向に係る問題」も学校と公民館や図書館、博物館などの社会教育施設での市民講座などで取り扱うものとして位置づけられたということである。

また、性同一性障害の当事者の声によって二〇〇三年に性同一性障害特例法（通称）が制定され、戸籍の性別が変更できるようになり、メディアによっても「性同一性障害」という言葉の認知が広がると、それ以降、小学生を含む性同一性障害がある子どもの存在とその支援事例が報道されるようになった。(6)

このように問題が意識化されたことともに、当事者団体などからの強いはたらきかけなどによって、二〇一〇年に文科省が性同一性障害がある子どもへの配慮を求めた「児童生徒が抱える問題に対しての教育相談の徹底について（通知）」を各教育委員会などに向けて出した。これは、性同一性障害がある子どもについて、各学校に対して、「学級担任や管理職を始めとして、養護教諭、スクールカウンセラーなど教職員などが協力して、保護者の意向にも配慮しつつ、児童生徒の実情を把握したうえで相談に応じるとともに、必要に応じて関係医療機関とも連携するなど、児童生徒の心情に十分配慮した対応」を求めたものである。

これを受けて二〇一三年には、文科省が「学校における性同一性障害に係る対応に関する状況調査」をおこない、報告を受けた全六百六件のうち約六〇%の学校での対応事例があることが明らかにされた。[7]

一方、HIV(ヒト免疫不全ウイルス)感染予防を目的としたゲイとバイセクシュアル男性を対象とした行動疫学調査が日高庸晴らによって一九九九年から継続的におこなわれ、[8]二〇〇五年の調査では、「自殺を考えたことがある」のが六五・九%、自殺未遂の経験があるのが一四・〇%と、内閣府による「自殺対策に関する意識調査」(二〇一一年)での「自殺したいと思ったことがある」二三・四%よりも非常に高い割合になっていることが明らかにされた。また、一四年の調査[9]では、十代の回答者のうち、「いじめられたことがある」のが四四%、「不登校になったことがある」のが二三%、「自傷行為の経験がある」のが一八%にものぼることがわかった。

中塚幹也らの調査でも、性同一性障害で中塚らのジェンダークリニックを受診した人のうち五八・六%が自殺念慮をもったことがあり、二八・四%が自傷や自殺未遂の経験があり、二九・四%が不登校、一六・五%がうつなどの精神科合併症があることが明らかになった。[10]

そのほかにも、性的マイノリティの子どもたち、特に「男の子らしくない男の子」と見なされる子どもたちが、長期にわたる深刻ないじめを受ける傾向にあることなどが判明した。[11]

これらの調査結果を受けて、二〇一二年に閣議決定された「自殺総合対策大綱――誰も自殺に追い込まれることのない社会の実現を目指して」に、「自殺を予防するための当面の重点施策」として「自殺念慮の割合等が高いことが指摘されている性的マイノリティについて、無理解や偏見等がその背景にある社会的要因の一つであると捉えて、教職員の理解を促進する」ことが明記された。

以上の流れを受けて、二〇一五年四月の文科省通知と、それをふまえて作成された教職員用周知資料が一六年に出されるにいたった。

ここまでの背景をまとめると、「性的マイノリティ」の子どもたちへの教育的支援は、第一に「人権」、第二に「障害者」支援、第三にいじめ・自殺予防の文脈から求められるようになったが、文科省に関しては第二と第三の影響が大きいと考えられる。

2　文科省通知と周知資料の特徴と課題

これまで述べてきたように、文科省は「性同一性障害」や「性的マイノリティ」の子どもたちに対する配慮を求める通知を二〇一〇年と一五年に、教員向け周知資料を一六年に出したが、ここでは一〇年通知と比較しながら、一五年通知と周知資料の特徴を確認する。

文科省通知の特徴

一五年通知は、「1．性同一性障害に係る児童生徒についての特有の支援」「2．性同一性障害に係る児童生徒や「性的マイノリティ」とされる児童生徒に対する相談体制等の充実」「別紙　性同一性障害に係る児童生徒に対する学校における支援の事例」の三部構成になっている。「1」に関しては、学校での支援体制や医療機関、保護者、教育委員会との連携などについて、支援に必要なことが記されている。これらは二〇一〇年以降の調査や対応事例の積み重ねから、かなり具体的なものが箇条書きで十六項目書いてある。特に、学校内外での連携、当事者と保護者、関係者への説明・相談と理解、そのうえでの個別的な対応を進めることが重視されている。「別紙」として付いている「支援の事例」もこれに対応して、「性同一性障害に係る児童生徒」に対するものだけを記載している。

一方、「2」は四項目だけである。しかしここが二〇一〇年とは大きく違うところである。ここでは、「学級・ホームルームにおいては、いかなる理由でもいじめや差別を許さない適切な生徒指導・人権教育等を推進することが、悩みや不安を抱える児童生徒に対する支援の土台となること」と、「性同一性障害に係る児童生徒や「性的マイノリティ」とされる児童生徒は、自身のそうした状態を秘匿しておきたい場合があること等を踏まえつつ、学校においては、日頃より児童生徒が相談しやすい環境を整えていくことが望まれること」という記述がある。

ここにみる特徴は二点である。第一に、一〇年通知や一五年通知「1」にある当該児童・生徒への個別的な支援だけではなく、「学級・ホームルームにおいて」「人権教育等を推進すること」といった集団的な支援、学びの機会の保障が求められていることである。

第二に、一五年通知の題目は「性同一性障害に係る児童生徒」だけだが、本文には「「性的マイノリティ」とされる児童生徒」という言葉も併記していて、支援の対象を拡大したことである。性同一性障害がある子どもを、その子の性自認に合わせた「男性」もしくは「女性」の枠組みのなかで生活できるように個別的に配慮するだけではなく、同性愛や両性愛の人、Xジェンダーの人なども含む「「性的マイノリティ」とされる児童生徒」がどの学校にも教室にも存在することを前提にして、それらの人々を排除しないための「人権教育」を学校が提供し、それをすべての子どもが学ぶ必要があり、それによってさまざまな性を生きるすべての子どもたちが安心できる環境を日々つくっていくことを文科省が推進していくことを表している。

文科省周知資料の特徴

二〇一六年の周知資料には、通知の内容に加えて、通知が出てからの約一年間に寄せられた学校や教育委員会などからの質問をまとめ、それらに答えていく「Q&A形式」の項が掲載されている。その内容は、医療的診断や学内外での連携のとり方、当該児童・生徒と他の児童・生徒への配慮の仕方についてなど、「性同一性障害に係る児童生徒」に関するものが十一項目、「性自認や性的指向」を主題にした学校教育の扱いについてが一項目ある。

本周知資料の特徴は具体的なQ&Aの提示にもあるが、表題に「性的指向・性自認」という言葉が記され、本文でも法務省人権擁護局「人権の擁護（平成二十七年度版）」を引用して、「性的指向が同性に向かう同性愛、男女両方に向かう両性愛の人々」が明記されたり、国際的にも使用されている「Sexual Orientation（性的指向）とGender Identity（性自認）の英語の頭文字をとった「SO

ＧＩ」との表現」も紹介されたりなど、二〇一五年通知の「性的マイノリティ」という言葉よりも、その内実を具体的に示したことにある。これらについて「教職員が、偏見等をなくし理解を深めることが必要」と記されている。

文科省通知と周知資料の課題

一方、二〇一五年通知、一六年周知資料には、大きく四つの課題がある。

第一に、「性同一性障害」の位置づけである。「性同一性障害」とは医師によって診断される疾患名である。現在アメリカ精神医学会では「性同一性障害」の「脱病理化」が議論され、名称も「性別違和」と変更になった（ＤＳＭ－５）ことをはじめ、ＷＨＯ（世界保健機関）や日本でもそのような議論が進むと考えられる。[12] 本通知と周知資料では一貫して「性同一性障害」という言葉を使用していることからも「病理」の一つとして扱っていることがわかる。一方で、「そもそも性同一性障害なのかその他の傾向があるのかも判然としていない場合もあること」や「医療機関を受診して性同一性障害の診断がなされない場合」があることを想定し、そのときにも「支援を行うことは可能である」として、柔軟性をもたせる記載もある。今後は、「性同一性障害」や「性別違和」といった医療モデルの枠組みにかかわらず、すべての子どもたちが自己を自由に表出できるような、さらなる柔軟性が必要とされるだろう。

第二に、通知の別紙に示されている支援事例と周知資料Ｑ＆Ａについてである。まず、本通知によって支援対象が拡大されたにもかかわらず、本通知で示されているものは、すべて性同一性障害がある子どもへの対応であり、周知資料Q＆Aでも十二項目中十一項目が性同一性障害に関わるものだという、セクシュアリティの偏りが問題として挙げられる。当然、それぞれのセクシュアリティや性のあり方によって学校で解決すべき課題は違うはずだが、特に周知資料は通知よりも性的指向に関わる課題を掲載する必要があっただろう。

また、「自認する性別の制服・衣服や、体操着の着用を認める」「標準より長い髪形を一定の範囲で認める（戸籍上男性）」といった支援事例があるが、そもそもなぜそこに性別で分かれた規範があるのかを問わなければならない。さらに「一人部屋の使用を認める。入浴時間をずらす」といった支援は、その子どもだけが「個別化」「特殊化」されることを問う必要がある。もちろんこのような個別的な対応は重要であり、それによって安心する子どももいるだろう。しかし、それとともにさまざまな子どもがともに安心して安全に生活をしていくための支援方法や学びの機会の創出を考える必要がある。

第三に、通知の「「性的マイノリティ」とされる」という枠組みの設定の仕方である。内閣府「自殺総合対策大綱」では、カギかっこをつけないまま用いられているにもかかわらず、通知では、「性的マイノリティ」とカギかっこが付されるとともに、「とされる」という言葉も後ろについている。その理由についての説明は記されていない。当事者（コミュニティー）やメディアを含む社会ではLGBTという言葉が近年よく使われ、性的マイノリティの総称のように用いられることも少なくないが、実際には、レズビアン・ゲイ・バイセクシュアル・トランスジェンダーの頭文字を合わせたという限界がある。「性的マイノリティ」に何を含むのかについても、当事者間で差異がある。本通知でも「性同一性障害」と「性的マイノリティ」を併記しているのには、それらの配慮を感じる。[13] 課題は、ここで「性的マイノリティ」を定義してそれを明記することではなく、「性的マイノリティ」とされる」と書かざるをえなかった社会問題を問うことである。

第四に、周知資料Q&Aにある「発達の段階」と「教育の中立性」に関することである。Q&Aの最後の十二項目では、「性自認や性的指向について当事者の団体から学校における講話の実施の申し出があった場合等、こうした主題に係る学校教育での扱いをどのように考えるべきですか」という質問に対し、性に関する学校教育では児童・生徒の発達段階をふまえ、学校、保護者での共通理解、集団指導と個別指導の区別などが必要だとしたうえで、「義務教育段階における児童生徒の発達の段階を踏まえた影響等についての慎重な配慮を含め、上記の性に関する教育の基本的な考え方や教育の中立性の確保に十分な注意を払い、指導の目的や内容、取り扱いの方法等を適切なものとしていくことが必要」といった回答が掲載されている。発達段階に関しては、小学校入学以前から性別違和を抱く者が多くいて、小学校段階から性自認や性的指向、「らしさ」などの表現の仕方を理由とした差別やいじめが発生していることを考えると、小学校（とそれ以前）から学習する必要性が導き出される（後述）。したがって、そこでの性に関する学習はシスジェンダーや異性愛に偏らず、人権を基礎に性の多様性を前提とすることが「教育の中立性の確保」だと説明すべきである。

3　なぜ／いつ「性の多様性」を学ぶのか

なぜ学ぶのか

前述のように、これらの通知や周知資料が出された背景には、性同一性障害特例法など、性同一性障害がある人への対応が制度化されたこと、「性同一性障害」と「性的マイノリティ」（「LGBT」を含む）のいじめ問題、自殺問題など思春期に直面する危機がいくつかの調査で明らかにされたことがある。つまり、「障害者」への「配慮」と、いじめと自殺の予防が大きな目的として立てられ、それを達成するための方法として「人権教育」が提示されている。

国際的には、二〇〇六年に百カ国以上から弁護士、法学者、NGO関係者ら約千六百人が集まり、国連人権高等弁務官や国連事務総長特別代表らによる講演もおこなわれたLGBT人権国際会議（カナダ・モントリオール）で採択された「モントリオール宣言」で、「教育、メディア、医療、宗教は、LGBTの人権のための闘いを成功にも失敗にもし得る非常に重要な社会制度である」、「学校カリキュラムにLGBT人権に関する授業を盛り込み」、「LGBTの生徒や教師に対する強迫及び暴力と闘うための取り組みを行うよう要望する」[14]と、「LGBTの人権」の保障における教育の重要性が示された。

これを契機に同年、現職の国連特別報告者や人権条約委員会の現職・元職の委員を含む二十九人の国際人権分野の専門家で構成された会議で「性的指向及び性別自認に関連する国際人権法の適用に関するジョグジャカルタ原則」が採択された。この原則では、「すべての者は、自己の性的指向および性別自認にもとづく差別なく、および、それらを考慮に入れた、教育についての権利を有する」（原則十六）といった「教育についての権利」を明記している。[15]

そして二〇一一年の国連人権理事会第十七会期で、性的マイノリティの人権に関する初の国連決議である「人権と性的指向・性別自認」が、日本を含む二十三カ国の賛成で採択された。ここでは、「世界のすべての地域において、性的指向および性別自認を理由として個人に対しておこなわれる暴力と差別のすべての行為に重大な懸念を表明し」、人権高等弁務官に対して人権侵害状況の調査を要求するとともに、国連人権理事会第十九会期でパネル・ディスカッションを開催することを決定した。[16]

さらに同年、各国のNGOなどが同性愛嫌悪によるいじめについて調査した結果をまとめた「教育機関における同性愛嫌悪によるいじめのレビュー」[17]（発行は翌二〇一二年）をもとに、ブラジル・リオデジャネイロで開催された「教育機関における同性愛嫌悪によるいじめに関する国際会議」で、「同性愛嫌悪によるいじめと万人のための教育に関するリオ宣言」[18]が「国際人権デー」の日に採択された。ここでは、「反LGBTIといった偏見や暴力のない安全な学校環境」「LGBTIの人びとを含むすべての学習者のニーズに適した健康およびセクシュアリティの正確な情報の入手」「万人にとって本当に利用しやすく有効な学習環境を維持することを準備し促進する教師や学校」「教育機関、システム、および政府が、開発パートナーおよびすべての教育関係者と協議し、これらの原則に責任を持つために、定期的に調査する仕組み」を確実にすることを掲げた。

これら国際的な宣言などでは、自己の性や他者の性を含む「性の多様性」を学ぶことが権利として位置づけられ、その権利を保障することが学校や社会に求められているのである。つまり、「健常者」や「マジョリティ」から「障害者」や「マイノリティ」への「配慮」という一方通行の「対応」ではなく、すべての子どもたちの権利としての「性の多様性」教育なのである。その権利を保障するために、教育の方針と方法を考えていくことが必要である。

いつ学ぶのか

文科省教職員用周知資料では、「他者の痛みや感情を共感的に受容できる想像力等を育む人権教育等の一環として、性自認や性的指向について取り上げることも考えられますが、その場合、特に義務教育段階における児童生徒の発達の段階を踏まえた影響等についての慎重な配慮」を求めている。子どもたちの「発達の段階」をふまえると、いつから「性の多様性」を学ぶことが適切なのかが問題になってくる。

前述の中塚らの調査によると、自分の身体に「性別違和」を抱く時期が小学校以前だった人が、FTM（Female to Male. 性自認は男性、身体の性は女性）で七〇・九％、MTF（Male to Female. 性自認は女性、身体の性は男性）で三三・六％、全体で五六・六％と半数以上にのぼる。自分の性別（性自認）ではない性別で周囲から扱われることに強い拒否感をもち、他者と違う自己の性のあり方に不安感と嫌悪感を抱く。その結果、男女二分的なシステムがあらゆるところにみられる学校文化に違和感をもち、不登校経験率や、自殺念慮、自傷や自殺未遂の経験率、精神科合併症の罹患率も高いことが明らかにされている。

また日高らの調査では、自己の性的指向に気づくのは十三歳頃の思春期が多く、それが同性に向く場合、自己を否定したり、他者からの差別によってうつなどの罹患や自殺念慮の率が高いという。

ホワイトリボン・キャンペーンの調査では、性自認、性的指向、性表現を理由としたいじめやからかいは、小学校一年生の頃から起こっていることも明らかにされている。特に、「男らしさ」から逸脱した男の子が深刻ないじめを長期的に受けている実態が判明した。子どもたちは「ホモ」や「オカマ」「オネエ」という言葉を（たとえその意味することをきちんと理解できていなくても）、「おかしなもの」「変なもの」「キモイもの」として認識し、「笑い」や「からかい」など差別的な行為をとっている。

つまり、小学校低学年などの幼い子どもたちは、セクシュアリティなど性のことについてまだ何も知らないのではなく、「ホモ」や「オカマ」「オネエ」が差別や「笑い」の対象だということをすでに知っているのである。

また、すでにさまざまな家庭環境（同性カップルでの子育て、性別変更後の婚姻と子育て、など）で生活している子どもたちがいることも現実である。

したがって、小学校低学年などの幼い子どもたちに「性の多様性」について教育をするのは時期尚早で不適切なのではなく、むしろ、小学校低学年以前から「〝心の性〟の多様性」や「家族の多様性」「〝らしさ〟の多様性」「〝好きになる性〟の多様性」について学ぶ機会を保障することが、

「発達の段階を踏まえ」ることになる。

ユネスコが二〇〇九年に出した「国際セクシュアリティ教育ガイダンス」では「多様性はセクシュアリティの基礎的要素である」と位置づけ、五歳から八歳の発達段階にある子どもたちが学ぶ第一の基本的構想を「人間関係」として、そのなかで「家族の多様性」から学び始める包括的性教育を推奨している。(19)

4 どのように「性の多様性」を学ぶか

前述のように、子どもたちは幼い頃から「ホモ」や「オカマ」「オネエ」が差別や「笑い」の対象だということをすでに知っていて、いじめやからかいなど、差別行為をしている。中・高生になると、「性同一性障害」や「同性愛」という言葉は知っていて、「ホモネタ」や「オカマネタ」をメディアや友達との会話で見聞きして笑った経験がある一方で、「性同一性障害」と「同性愛」の違いについては説明できず、身体の性別に違和感をもたない「シスジェンダー」という言葉を知らないだけではなく、「異性愛」という言葉さえ聞いたことがない生徒が半数にものぼるという実態がある。(20)

また日高による二〇一六年の調査(21)によると、十代の性的マイノリティ当事者において、学校で同性愛についての知識を、「一切習っていない」四八・二%、「否定的情報を得た」一八・八%、「異常なものとして習った」七・一％、「肯定的な情報を得た」二三・〇％と、自分自身のセクシュアリティについて「肯定的」な情報を学校で得られなかった人が七〇％を超える。

つまり、さまざまな性を生きる私たちの多くは、性的マイノリティに関する言葉はいくつか知っているものの、それがどういったものなのかについての知識はもっておらず、それにもかかわらず「笑い」の対象として認識している。さらに性的マジョリティに位置づけられる人は、自分たち自身についての言葉も知らない。なぜならば、それはいままで「普通」や「自然」として認識されているからである。「普通」や「自然」であるものには、それにつけられている名称も、それに対する「問い」も必要とされないのである。

文科省の通知などによって「性同一性障害」や「性的マイノリティ」「LGBT」をめぐる教育的な課題に関心が高まると、この課題について「人権教育」などの授業をおこない、性的マイノリティの子どもたちを危機から救い、いじめやからかいをなくすことを目的に、「性的マイノリティ（またはLGBT）について理解する」ことを学習目標に立てることがある。

しかし、私たちが問うべきは、「性的マジョリティ」が不問に付され、「性的マイノリティ」や「LGBT」だけが問われ、説明され、マジョリティに「理解」され「受け入れ」られるという構造である。「性的マイノリティについて」「LGBTについて」といったテーマでは、「知ってあげる私たち」「知ってもらうあなた方」、もしくは「聞いてあげる私たち」「語る義務があるあなた方」という「マジョリティ」と「マイノリティ」の権力構造を再生産してしまうことになる。

したがって、私たちが学ぶべきは、第一に、私たちの「性の多様性について」である。そこには

おわりに

当然「マジョリティ」も包含され、「マイノリティ」と対等に位置づけられる。そしてなぜ「マジョリティ」は自分たちがカテゴライズされる名称を知らずに生きてこられたのか、なぜ「マイノリティ」だけがカテゴライズされ、名付けられてきたのかを問うことになる。

現在メディアでは性的マイノリティのごく一面しかみることができないが、実際は「性的マイノリティ」といっても非常に多様である。「レズビアン」や「トランスジェンダー」といったカテゴリーのなかでも、個々人でさまざまな差異をもっている。それは「シスジェンダー」で「異性愛」である「マジョリティ」の人のなかにもさまざまな人がいるのと同じことである。個々人によっては、異なるセクシュアリティであっても、好きな人のタイプや趣味など、共通する要素をもっていることもある。私たちはそういった多くの要素をさまざまに持ち合わせた、多様な存在である。それを「マジョリティ／マイノリティ」と二分してしまう、その境界線を引く権力関係こそを問題にし、さまざまな人がすでに常にともに暮らしているこの社会がかかえる問題を発見し、理解し、変えていかなければならない。そのことをみんなで考えられる学びの機会をつくる必要がある。つまり、「私たち」の内部の、もしくは自分自身の内部の差異について考えることが、第二に重要な点である。

二〇一六年五月に開催されたG7（主要七カ国）倉敷教育大臣会合で採択された「倉敷宣言」では、「教えや学びの改善・向上策」の「教育における多様性の尊重」で、「性的指向や性自認を理由とした差別に苦しんでいる子供」を含む「困難な状況にいる子供や若者」が「さらされやすい排他や疎外、格差や不平等の解消」を「喫緊の課題」として挙げている。そして、その解消のために、「我々は、それぞれのバックグラウンドや環境にかかわらずすべての若者が幸福感を抱き、生活や仕事に必要な知識やスキルを習得できるインクルーシブで公平な成果に届くための教育が保障されるよう最善の努力をする。さらに、我々は、個別性や多様性が尊重され、全ての子供や若者が自らの可能性や長所を最大限に活かすことができるような教育環境を実現することを約束する」[22]と述べている。

また二〇一七年三月、「いじめの防止等のための基本的な方針」の改定により、「性同一性障害や性的指向・性自認に係る児童生徒に対するいじめを防止するため、性同一性障害や性的指向・性自認について、教職員への正しい理解の促進や、学校として必要な対応について周知する」と明記された。

ここで「約束」されているように、「全ての子供や若者」が安全で安心な環境で自己を形成できるような教育を目指さなければならない。

注

（1）『同性愛者と人権教育のための国連十年』動くゲイとレズビアンの会、一九九八年

（2）「教科書検定「ＬＧＢＴ」初登場　多様な性、高校で学んで」「毎日新聞」二〇一六年三月十八日付

（3）「損害賠償請求控訴事件 東京高裁平成六年（ネ）千五百八十号 平成九年九月十六日第四民事部判決」「判例タイムズ」一九九九年一月号、判例タイムズ社

（4）前掲『同性愛者と人権教育のための国連十年』を参照。

（5）現在は「（13）その他」となっている。

（6）「〈性同一性障害〉小二「女児」として学校生活」「毎日新聞」二〇〇六年五月十八日付ほか。その後も、「性同一性障害：八歳児童、小二の秋から「女の子」埼玉の公立小、性切り替え容認」「毎日新聞」二〇一〇年二月十二日付など。

（7）文部科学省「学校における性同一性障害に係る対応に関する状況調査について」二〇一四年六月十三日（http://www.mext.go.jp/component/a_menu/education/micro_detail/__icsFiles/afieldfile/2016/06/02/1322368_01.pdf）［二〇一七年四月三十日アクセス］

（8）日高庸晴ほか「REACH Online 調査結果報告」（http://www.health-issue.jp/）［二〇一七年四月三十日アクセス］

（9）「同性・両性愛の十代男子四割、いじめ経験 宝塚大教授が調査」「朝日新聞」二〇一五年九月一日付

（10）中塚幹也『学校の中の「性別違和感」を持つ子ども――性同一性障害の生徒に向き合う』ＪＳＰＳ日本学術振興会科学研究費助成事業23651263、挑戦的萌芽研究「学校における性同一性障害の子ど

もへの支援法の確立に向けて」、二〇一三年

(11) いのちリスペクト。ホワイトリボン・キャンペーン『LGBTの学校生活に関する実態調査(二〇一三)結果報告書』二〇一三年度東京都地域自殺対策緊急強化補助事業、二〇一四年(http://endomameta.com/schoolreport.pdf)[二〇一七年四月三十日アクセス]、遠藤まめた「アンケート報告 LGBTの子どもたちと学校——調査結果から見えてきたもの」、〝人間と性〟教育研究協議会企画編集「セクシュアリティ」第六十八号、エイデル研究所、二〇一四年

(12) 二〇一五年三月に開催されたGID学会第十七回研究大会では「トランスジェンダーの脱病理化と人権」という講演をおこなっている。

(13) 一般社団法人 gid.jp 日本性同一性障害と共に生きる人々の会「性同一性障害の児童生徒への対応に関する要望書」二〇一二年(〔https://gid.jp/html/request/pdf/RequestMext2012-02.pdf〕[二〇一七年四月三十日アクセス])などを参照のこと。

(14) 「モントリオール宣言 日本語訳」「GayJapanNews」山下梓仮訳(http://gayjapannews.com/news2006/news370.htm)[二〇一七年四月三十日アクセス]

(15) 谷口洋幸「ジョグジャカルタ原則の採択によせて——性的マイノリティと国際人権」、性的マイノリティと法研究会編「法とセクシュアリティ」第二号、性的マイノリティと法研究会、二〇〇七年

(16) 谷口洋幸「セクシュアルマイノリティの人権に関する国連決議」、〝人間と性〟教育研究協議会企画編集「セクシュアリティ」第五十三号、エイデル研究所、二〇一一年

(17) UNESCO, "Review of Homophobic Bullying in Educational Institutions," 2012 (http://unesdoc.unesco.org/images/0021/002157/215708e.pdf)[二〇一七年四月三十日アクセス]

(18) UNESCO, "Rio Statement on Homophobic Bullying and Education for All" 2011 (http://www.

unesco.org/new/en/hiv-and-aids/our-priorities-in-hiv/gender-equality/anti-bullying/)［二〇一七年四月三十日アクセス］

（19）浅井春夫「国際性教育実践ガイダンス（指針）と日本の性教育の歩むべき道」、〝人間と性〟教育研究協議会企画編集「セクシュアリティ」第六十五号、エイデル研究所、二〇一四年

（20）渡辺大輔「性教育の基本となる「多様な性」を学ぶ授業でのポイント」、浅井春夫編『はじめよう！性教育——すべての子どもたちが性を学ぶための入門書』所収、ボーダーインク、二〇一二年

（21）日高庸晴「ＬＧＢＴ当事者の意識調査～いじめ問題と職場環境等の課題～」(http://www.health-issue.jp/reach_online2016_report.pdf)［二〇一七年四月三十日アクセス］

（22）文部科学省「Ｇ７倉敷教育大臣会合　倉敷宣言（原文・日本語仮訳併記）」(http://www.mext.go.jp/component/a_menu/other/detail/__icsFiles/afieldfile/2016/06/17/1370953_2_3.pdf)［二〇一七年四月三十日アクセス］

第5章
教員採用試験での適性検査MMPIの見直しの必要性

岩本健良

はじめに

国連は国際人権法にもとづいて、ＬＧＢＴＩ（性的少数者）に関しても教育や雇用の場で差別を受けることがないように各国に求めている。[1]二〇一六年には、日本が議長国となったＧ７（主要七カ国）サミットの一環としてＧ７教育大臣　倉敷宣言」が出され、このなかで難民の子どもたちと並んで、ＬＧＢＴＩの子どもたちが重点支援対象の一つとして掲げられた。学校教育を終えた「出口」として、採用試験でも当然にＬＧＢＴＩに平等な権利が保障されるように十分な目配りが求められる。子どもたちは学校を通じて社会を学ぶ。もしある県の教員採用試験で左利きの人が差別されていたとしたら、左利きの子どもは自分の将来をどう思うだろうか。その県の子どもたちや県民に、自治体が排除や差別を肯定しているという、誤ったメッセージを伝えることになりはしないか。

もし、自分が採用試験で次のことを質問され、「はい」「いいえ」のどちらかで即答するよう求められたら、どう答えるだろうか。

問１、「神や仏はあると思う」
問２、「父はいい人だ（だった）」

問3、「同性に強く心を引かれる」

問4、（男性に）「女だったらよかったのにと思うことがある」

　（女性に）「自分が女であることを残念だと思ったことはない」


もし無神論者だったら問1に「いいえ」と答えるだろうか。物心つく前から父親がいなかったら／あるいは父から虐待や性暴力を受けていたら、問2に「いいえ」と答えるだろうか。

もし同性愛者だったら性的指向（恋愛や性愛の対象となる性別）を尋ねる問3にどう答えるだろうか。生まれたときの性別に違和感を持つトランスジェンダー（性同一性障害を含む）だったら、性別違和を尋ねる問4にどう答えるだろうか。正直に答えるよう受験者に説明されるが、だからといって正直に答えるとマイナス評価につながってしまう。受験生は「不安に駆られた」「当事者はいやな思いをする」といった感想を抱いている。

これらの質問項目を含んでいるのが、心理テストＭＭＰＩとその縮小版である。なお、日本語の訳文は版によって多少違いがあるが、ここでは基本的に広く使われている新日本版研究会編「ＭＭＰＩミネソタ多面的人格目録」（三京房、一九九三年）に沿って示す。受験者への調査によると、こうした試験に疑問や批判を抱いているが、弱い立場の受験者の側からは試験を実施した自治体に異議申し立てや改善要望をおこなうのは困難なのが実情である。ＭＭＰＩは複数の自治体で警察官や行政職の公務員採用試験の適性検査としても用いられているが、ここでは教員採用試験を中心に様々な資料やインタビューなどをふまえて説明していく。なお民間企業では、一九八〇年代頃までは一部でMMPIが使われていたが、いまでは使われていないようである。

1　教員採用試験での適性検査使用の実態

適性検査の実施の有無

全国で、公立学校（小・中・高校、中等教育学校、特別支援学校）の教員採用試験は、都道府県と政令指定都市（政令市）ごとにおこなわれる（一部の政令市は県と共同で実施。なお、私立学校は独自に実施）。その内容を文部科学省が毎年調査していて、報告書「公立学校教員採用試験の実施方法について」で適性検査の有無についても公表されている。

二〇一二年実施（二〇一三年度試験）では、六十七県市中、適性検査の実施が七三％、実施せずが二七％だった。実施していない県は、岩手県・東京都・神奈川県・三重県・京都府・大阪府・兵庫県・岡山県・広島県・徳島県・熊本県の十一県だった（二〇一七年度試験は実施せずが新潟県、奈良県、島根県、佐賀県、大分県の五県増加。新規実施はなし）。実施していない政令市は、川崎市・横浜市・大阪市・堺市、神戸市・岡山市・広島市の七市（二〇一七年度試験は実施せずが相模原市、名古屋市、熊本市の三市増加。新規実施はなし）だった。実施していない県・市は近畿地方とその周辺に多い。大半の適性検査はマークシートなどによる回答をコンピューターによって採点する。したがって、適性検査の実施は、受験者が多いために試験の労力を軽減するのが目的ではないことがわかる。また、実施していない自治体が一三年度以降、毎年増加して四〇％に達している。外注に費用をかけて適性検査を実施しなくても、作文や小論文、面接、模擬授業、場面指導、指導案作成を組み合わせることで、教員としての適性を十分に判断できるという認識が広がってきている。

適性検査の種類

適性検査の内容はほとんどの自治体で非公開であり、文科省の調査でも公表されていないため、これまで表面化しなかった。教員採用試験対策を全国規模で展開している採用試験予備校Ｔ社が、受験者から集めた情報をもとに自治体ごとに適性検査の種別を一時公開（現在は非公開）していて、これに他の資料から照合・補足・修正を施して集計した。

実施の自治体のなかで、使用頻度が高いテストは、クレペリン（三十自治体）、Ｙ－Ｇ（十六自治体）だった（表1）。これらのテストは、ＭＭＰＩについて指摘されるような、人権やプライバシーに関する問題点はないが、有効性について疑問が投げかけられている。[2] 次いでＭＭＰＩ（八自治体）。ＭＩＮＩ－124を除く）・ＭＩＮＩ－124（五自治体）となる。「適性検査」と名付けられているが、いずれも性格検査（パーソナリティ検査）にあたる心理テストであり、「教員としての適性を問う試験」ではないことに注意が必要である。

なお、七都県（東京都・静岡県・愛知県・兵庫県・広島県・福岡県・長崎県）の私学協会では、「私学教員適性検査」を同一日時・共通問題で実施している。名称は「適性検査」だが、内容は、教科専門科目と教職科目の筆記試験だけであり、心理テストは実施していない。群馬県の私立共通で実

表１　教員採用試験適性検査実施状況と検査種類内訳
（2013年度公立学校教員採用試験適性検査〔2012年実施〕）

	県市数	%
実施せず	18	27%
実施	49	73%
計	67	100%
〈実施の場合の種類内訳〉		実施自治体中の%
クレペリン	30	61%
Y-G	16	33%
MMPI	*8*	*16%*
MINI-124	*5*	*10%*
SPI2-P	2	4%
5因子性格検査	1	2%
EQ 総合検査・質問紙法	1	2%
EA-BJ	1	2%
BA-J	1	2%
DPI	1	2%
検査名未判明	5	10%
検査名一部未判明	2	4%

注１：全67県市（47都道府県＋20政令指定都市）中の数値を示す。
注２：適性検査を実施していない自治体は、岩手、東京、神奈川、三重、京都、大阪、兵庫、岡山、広島、徳島、熊本の各県。川崎、横浜、大阪、堺、神戸、岡山、広島の各市。
注３：複数種類実施の自治体もあるため合計は49を超える。
注４：県と市で共通試験の場合も、別々にカウントした。
注５：データは採用試験予備校Ｔ社の「平成25年度（24年実施）都道府県市別試験ガイド」をもとに補正・集計。

施されている「群馬県私立中学・高等学校教員適性検査」は、七都県の内容に一般教養と小論文が加わるだけで、やはり心理テストは実施していない。

教員採用試験にＭＭＰＩ・ＭＩＮＩ－１２４使用の自治体

二〇一三年度採用試験（二〇一二年夏に実施）でＭＭＰＩ（ＭＩＮＩ－124を含む）を用いているの

は、東京都・神奈川県を除いた関東と近辺の五県（茨城県、栃木県、群馬県、埼玉県、山梨県）と静岡県の二市、山形県と北陸三県（富山県、石川県、福井県）、岐阜県、島根県であり、地理的には関東の周辺部と、日本海側の一部に偏った分布となっている。同和教育・人権教育が盛んな自治体では、ほぼ使用していない点も着目される。

表２　教員採用試験にMMPI・MINI-124使用の自治体一覧
（2013年度公立学校教員採用試験適性検査〔2012年実施〕）

検査の種類	県／市	自治体名	%
MMPI	都道府県	茨城、栃木、群馬、埼玉、富山、山梨、岐阜	10%
	政令市	静岡市	1%
MINI-124	都道府県	山形、石川、福井、島根	6%
	政令市	浜松市	1%
（合計）MMPIとMINI-124	全国	計13自治体（11県・2市）	計19%

注１：MINI-124は、MMPIの短縮版で、どちらも性役割・性的指向などの質問を含む。
注２：公立学校教員採用試験は、各都道府県と政令市単位で実施。
注３：％は採用試験実施の67県市（47都道府県＋20政令市）中の割合を示す。
注４：浜松市以外は、前年度も同内容の試験を実施。
注５：下線は、2016年度採用試験までにMMPI廃止が判明。
注６：データは採用試験予備校Ｔ社の「平成25年度（24年実施）都道府県市別試験ガイド」をもとに集計。

ＭＭＰＩ使用を廃止した自治体

当時、ＭＭＰＩを使っていた前記十三自治体のなかで、四自治体が使用をとりやめたことが判明した。二〇一四年度試験で島根県が適性検査を廃止した。一五年度試験で浜松市が、一六年度試験で山梨県がいずれも別種の試験に変更している。岐阜県はＭＭＰＩと別種の計二種類の適性検査をおこなっていたが、一六年度試験からＭＭＰＩを廃止し、小論文に切り替えている。このほか、一部の自治体では、性的指向に関する質問など、ごく一部の質問を墨塗りなどによって削除して実施しているが、後述のようにＭＭＰＩに潜む問題の一部にしか対応できていない。

2　ＭＭＰＩの起源と問題点

ＭＭＰＩの起源

ＭＭＰＩとは、Minnesota Multiphasic Personality Inventory（ミネソタ多面人格検査）の略称であり、アメリカのミネソタ大学で臨床診断を目的として一九四三年に作られた心理テスト（五百五十問。簡易版は三百六十問）である。受験者一人ひとりの回答から、中心となる十種の臨床尺度のスコア（得点）を計算する。またＭＭＰＩの縮小版として以下の二種類が日本で作成された。ＭＩＮＩ（二百五十問。一九九二年）はＭＭＰＩの縮小版であり、ＭＩＮＩ―124（百二十四問。一九九三年）はＭＩＮＩをさらに縮小したものである。[3]

その十種の臨床尺度のうち、「男性性／女性性」尺度を構成する設問は、もともとは「男性同性愛者を特定するため[4]」の質問項目群だった。開発当時は第二次世界大戦中であり、アメリカ軍は大量の兵士の採用を迫られる一方で、同性愛者は兵士には不向きとされていた。ＭＭＰＩはアメリカ軍の兵士採用試験にも使われていた。アメリカ軍は二〇一〇年まで、少なくとも表面上は同性愛者を排除していた。しかしながらＭＭＰＩは同性愛者の特定には成功しなかった。

問題点１：個々の質問レベルの問題

「はじめに」で例示したほか、ジェンダー、宗教、文化的差異、少数者への配慮が欠けた質問が多く含まれる。また「性生活に別に問題はない」「キリストの再臨（もう一度この世に現れること）を信じる」といった、家族や宗教などプライバシーに関する質問も、特に縮小版でない元のＭＭＰＩには多くある。さらにそうした質問への回答によっては、Ｆ尺度（受験態度の悪さ、すなわち受験者の不注意・理解不足・テストへの協力不足を示す尺度）に点数が加算され、マイナス評価となる。

今日、国際的な人権尊重の動きもふまえ、テストの適切な理解と使用のために、テスト・スタンダード（テスト基準）が先進諸国で作成されている。日本版の『テスト・スタンダード[5]』でも「少数受験者への配慮」を求めていて、ＭＭＰＩはこの基準から明らかに逸脱している。

問題点２：ＭＭＰＩ改訂版（ＭＭＰＩ―２）の国際的普及への遅れ

一九八九年にＭＭＰＩを改訂したＭＭＰＩ―２が発表された。この改訂の理由として、ＭＭＰＩの質問文に性的・差別的用語、キリスト教限定の宗教用語、時代遅れの用語などの問題点があると指摘されている[6]。すでにアメリカでは九九年からは旧版の分析を停止している。

アジア各国（中国、韓国など）も含めて世界で数十のＭＭＰＩ―２の現地語版が作られ、使われている[7]。しかし日本では、現在ＭＭＰＩ―２はまだ研究段階で、臨床や適性検査の業務には使われておらず、一方で日本だけの縮小版が作られていて、国際的にも孤立した「ガラパゴス状態」にある。ただし、改訂版であるＭＭＰＩ―２でも、先に述べた問題のうち一部が改善されたにすぎない。

問題点3：男性性／女性性尺度の問題

これまで指摘されておらず、ＭＭＰＩ―２にも共通する問題として、男性性／女性性尺度自体の構造的問題がある。ＭＭＰＩでは、性役割・性的指向の質問がいくつかあり、回答に応じて男性性／女性性尺度（Ｍｆ尺度、第五尺度、性別傾向尺度ともよばれる）に点数が加算される。他の九の臨床尺度が病的傾向を表すのに対し、これは性質が異なる。しかし病理的側面として提示されていて、男女平等や男女共同参画と矛盾する。日本でＭＭＰＩ研究の第一人者ともいわれた田中富士夫自身、『心理アセスメントハンドブック』の「ＭＭＰＩ」の解説で「Ｍｆ尺度のように作成手順が不明確で一貫性を欠く尺度」と指摘している[8]。

アメリカ精神医学会のＤＳＭやＷＨＯ（世界保健機関）のＩＣＤといった国際的な精神病理診断基準では、同性愛は、一九九〇年代までに精神病のカテゴリーから除外されている。

性別役割分業観にもとづく質問による男性性／女性性尺度のスコア化

男性性／女性性尺度（Ｍｆ尺度）のスコア化の方法と問題点を簡潔に示すために、使用する質問項目が少なく、標準偏差が公表されているＭＩＮＩ―124を例に女性の場合について説明する（縮小版でないＭＭＰＩの場合も仕組みは同様である）[9]。

性別役割分業観にもとづいた五つの質問「画家なら花の絵を描きたい」「花屋になりたい」「図書

館員になりたい」「新聞記者なら劇場のニュースを報道したい」「料理が好き」にそれぞれ「はい」と答えると、Mf尺度について素点で各プラス一点で、合計プラス五点となる。女性の場合、Mf尺度素点の標準偏差は、青年期（十五歳から二十二歳）が二・二四〇、成人初期（二十三歳から三十九歳）が二・二七〇である。

したがって、素点で五点の差は、偏差値では青年期は二十二点（＝十×五／二・二四〇）、成人初期も二十二点となる。偏差値七十以上が異常な傾向として判定・出力されるので、平均（偏差値五十）と異常値との差に相当する。

男性性／女性性尺度（Mf尺度）は、採用試験で評価・判断すべき事柄か

女性でMf尺度の点数だけが偏差値で七十以上と特に高く、他の点数は平均的な場合のプロファイルを例として示す。受験者一覧表には、その受験者の欄に「男性的」と記され、個別診断シートには次のように出力される。

スパイク5（女性）・診断印象　攻撃的・自己主張的な傾向が顕著である。スポーツや伝統的に男性的とされる分野に興味がある。（略）伝統的な女性としての役割は意識になく、性的適応に問題がある。（略）ただし、重度な精神障害であることはまれであり、一般的には正常者であることが多い。

大部分が正常者とされるにもかかわらず、こうした所見が出されることによって採用試験の場では偏見や排除に結び付きやすい。ＭＭＰＩが作られた一九四〇年代には、アメリカでも女性の社会参加に大きな制約と抵抗があったことを反映している。しかし現在の日本では、理系の学部への進学に女子生徒も積極的にチャレンジするよう求められ、オリンピックでは女子選手が活躍している。こうした状況のなかで、「男勝り」の女性を異常視するＭＭＰＩの診断はもはや時代遅れといわざるをえない。同様に、男性に関しても、伝統的性別役割分業意識からはずれた「知的で、美的興味があり、学業成績に優れていることが多」く「感情を気楽に表現し情緒的」な人が異常と診断されやすい。問題は受験者側にあるのではなく、伝統的性別役割分業意識に根ざした偏見に気づかないまま、こうした診断を使い続けている社会の側にあるのではないだろうか。こうした診断を参考にして、教員や公務員の採用試験で合否を判定することは、むしろ適任で優秀な人材を排除してしまうことにもなってしまう。

問題点4：人事選考への適用の問題点と雇用差別禁止措置の適用

ＭＭＰＩは臨床診断を目的として開発されたテストであり、採用試験の適性検査目的での使用については、ＭＭＰＩ専門家のなかでさえ否定的な見解がある。『ＭＭＰＩによる心理査定』はアメリカで出版された専門家向けＭＭＰＩのテキストであり、日本でも翻訳版が出版されている。このなかで「ＭＭＰＩは、本来人事選考での利用を目的として開発されていないし、こうした目的には無関係、あるいは不適当とも思える項目を多く含んでもいる[10]」と明言されている。

アメリカでの雇用差別禁止措置の適用と判例

日本ではほとんど知られていないが、アメリカでは、一九六〇年代からすでに性的指向や宗教的信条などの質問を含んだ心理テストを採用試験で用いることは雇用差別であるとされ、裁判などで問題が顕在化している。人事選考に関して適性検査ＭＭＰＩを用いたことをめぐって裁判となり、試験をおこなった企業が敗訴（すなわち、使用は不適切）となった例がある（たとえば、二〇〇五年のイリノイの連邦控訴裁判所の判例）。アメリカ障害者法（ＡＤＡ法）は、雇用差別の禁止を詳しく定めている。[11]

ＭＭＰＩがアメリカでは雇用差別禁止のために原則利用禁止となっている一方で、日本では教員や公務員の採用試験適性検査で用いられていることは、日本の精神科医や臨床心理学研究者の間にもほとんど知られていないようである。

3　採用試験適性検査をめぐる日本国内の動向

文部科学省による適性検査奨励

なぜ、こうした適性検査が教員採用試験で用いられるようになったのか、その背景と経緯をたどってみよう。

一九八二年五月、文部省（当時）は通知「教員の採用および研修について」のなかで、採用試験に適性検査などを含む多様な方法を取り入れることを求めた。先に述べたように当時すでにアメリカではＭＭＰＩは雇用差別につながるとして問題が顕在化していたにもかかわらず、適性検査の問題点などの告知はなかった。さらに九六年四月には、文部科学省の「教員採用等に関する調査研究協力者会議」が「教員採用等の改善について（審議のまとめ）」を公表し、「適性検査をより効果的に活用する」よう求めた。しかし適性検査の問題点や留意点などの情報提供はまたもなされなかった。[12]

東京での問題提起

二〇〇一年に東京都人権施策推進指針対策連絡会・部落解放基本法制定要求東京実行委員会が当時の石原慎太郎東京都知事に提出した要請書に、適性検査ＭＭＰＩの問題の指摘と対処の要請がすでに見いだされる。

（5）同性愛者差別につながる公務員の採用試験等にかかわって、（略）個人の性的指向について直接問う項目が含まれている。「ＭＭＰＩ」により個人の性的指向がどの程度特定されるのか、またそれが採用にどのような利益、不利益を与えるのかが不明であり、「ＭＭＰＩ」を採用している採用試験等を受験した同性愛者の不安を招いている。東京都、東京二十三区、東京都下の市町村で実施されている職員採用試験の中でＭＭＰＩを適性検査の一つとして採用しているものが存在するか調査されたい(13)。

また二〇〇二年一月には東京にある、性的少数者の支援団体アカーのスタッフだった稲場雅紀が、実際にあった電話相談をもとに、教員採用試験適性検査での「人権侵害」の事例を「法学セミナー」で紹介し、人権救済機関による救済が必要だと訴えた。

［第三例］ある県の教員採用試験を受けたＣさん。「適性検査」にのぞんだＣさんの筆の動きがとまった。同性に性的な感情を抱いたことがあるか、という質問があったのだ。Ｃさんは、同性愛者だったたが、周りの人に口に出して言ったことはなかった。知られることで、どんな不利益が生じるかわからなかったからである。「適性検査」で、「ある」と答えたら不採用にならないとも限らない。Ｃさんは悩みに悩んだ末、「ない」を選択した。Ｃさんは採用試験に合格したが、教職をめざす人間がうそをついたという良心の呵責に、長期間苦しんでいる（「公権力による人権侵害(14)」）。

しかし、こうした動きが全国的に報道されたり、広がることはなかった。

全国的な問題提起１　関東地区私立大学教職課程研究連絡協議会

二〇一〇年代に入り、県の枠を超えた二つの大きな全国的な動きが生じた。一つは教員として学生を送り出す大学側から、もう一つは当事者団体からの動きである。

関東地区私立大学教職課程研究連絡協議会（関私教協）は、教員志望学生支援のための私立大学間ネットワークとして設立された組織である。関私教協が刊行した報告書によれば、二〇一〇年に会員校の教員採用試験受験者数人から、その適性検査の質問項目に性的指向や自分の信仰に関する質問があり、強い不快感や合否の判断への使われ方に不安を抱いて相談が寄せられたという報告があったのが発端だった。関私教協では、会員校の教育実習生から、現職教員によるハラスメントを受けたとの相談がたびたび寄せられたため、教育実習におけるハラスメント防止部会を構成して対処にあたっていて、適性検査の問題についてもこの部会が担当することになった。十二年から三年間、全都道府県・政令市の教育委員会に対して郵送調査を実施し、「教員としての適性をみる」目的と回答しながらそれに沿った試験内容ではなく妥当性が低いこと、臨床心理士などの専門家が関与している自治体は一一％しかないこと、など大きな問題があることを明らかにした⒂。また、一五年の関私教協の研究大会で「教員採用試験における適性検査問題」分科会を設けて報告された。

全国的な問題提起2　当事者団体の動き

二〇一〇年に設立された人権団体「いのちリスペクト。ホワイトリボン・キャンペーン」は、若者、とりわけ暴力やいじめの被害を受けやすく、自殺が多い性的少数者を守ることを目的として、自殺防止のためにはセクシュアル・マイノリティへの社会的差別の改善が重要であると、国会議員や政府に精力的にはたらきかけた。さらに、地方の団体ともつながりながら、全国的な問題として認識されるように努めた。

二〇一二年に、就職試験適性検査の問題について法務省の地方法務局に「人権侵犯」救済手続を求めた。同年十月には、井戸まさえ衆議院議員の仲介で、法務省人権擁護局担当者と話し合いがもたれた。その結果、翌一三年三月、法務省人権擁護局が発表した「平成二十四年中の『人権侵犯事件』の状況について（概要）」のなかに「［救済措置を講じた具体的事例］（差別待遇事案）」として採用試験適性検査の問題が公表された。

事例七　採用試験における不適切な取扱い事案

専門家からの事情聴取を行うなどして検討したところ、当該質問を含む試験を実施するに当たっては性同一性障害者に対する配慮が必要と認められたことから、その旨を当該試験を実施した者に伝えたところ、翌年度において、当該試験全体の見直しを検討する中で、当該質問項目についても改善の適否を検討するとの説明を受けた。

そして、翌年度の当該試験において、当該質問は、性同一性障害者に配慮した方法で実施された。（措置：「援助」）

この適性検査が人権問題にあたるとして政府が公表した点は評価できるが、「自治体の採用試験適性検査でＭＭＰＩが使用されていること、このなかに性的指向や性別違和を問う質問が含まれている」という中核の情報は示されていない。したがって、せっかく参考例として公開されたのに、個人や組織（この場合は、他の自治体）にとって、この文章を読んでも問題点や対処策の説明が非常にあいまいで、類似のケースに対して広く改善を促すというこの年次報告の趣旨にかなっているとはいいがたい。なお実際の対応としては、法務省人権擁護局が調査・検討したうえで当該S県の担当部署に伝え、次年度の試験から性的指向・性別違和に関する問いを黒塗りで削除して実施された。

4 議会質疑と政府・自治体の対応

二〇一二年六月に、「いのちリスペクト。ホワイトリボン・キャンペーン」のはたらきかけで、井戸まさえ衆議院議員が衆議院法務委員会で採用試験において性役割や性的指向の質問がある問題点を指摘して改善を求めた。これに対して滝実法務大臣が「不用意な導入がどれだけ人を傷つけるか認識が薄かった」と答え、今後取り組みを進める方針を示した。

二〇一三年には、地方議会と国会の議会質疑で、数度にわたってこの問題が取り上げられた。三月には、レインボー金沢のはたらきかけで、石川県議会で盛本芳久議員が教員採用試験・職員採用試験での適性検査の問題点と改善を訴えて質問した。教育長などが答弁し、差別の意図はないとしながら、今後の改善の可能性を示唆した。同年七月と八月に実施された石川県の教員採用試験・行政職など職員採用試験適性検査では、前年まであった「同性に強くひかれるか」「女性に生まれたかったか」の二問が削除された（翌年は、なぜか前者だけ削除）。

また同年三月には、西根由佳衆議院議員が衆議院法務委員会で、「北陸中日新聞」の記事も示して、「地方公務員の採用試験で性的指向を尋ねる適性検査が行われている問題」について質問。谷垣禎一法務大臣が、「性的指向を理由とする偏見や差別の解消を目指す」という法務省の基本的スタンスを答弁した。

五月には、衆議院法務委員会で西根由佳衆議院議員が再度、石川県など十三以上の県市で「公務員・教員の採用試験で性的指向等を尋ねる適性検査が行われている問題」を人権侵犯問題として質し、調査・救済と、心理検査MMPI利用を中止するよう指導を求めた。

さらに六月には、尾辻かな子参議院議員が「性同一性障害等の性的マイノリティに対する偏見や差別を助長しかねない教員採用試験における適性検査の実態とその改善等に関する質問主意書」を提出した。翌月には政府（安倍晋三首相名）から回答書が公表された。文科省も含め検討された回答書では、MMPIの使用を擁護する説明は一切なく、「教員の採用選考は、教員の任命権者である教育委員会等において、このような事例〔三月に法務省人権擁護局が公表した前述の事例：引用者注〕等も踏まえた上で、適切に行われるべきものであると考える」とした。実質的には一九八二年に文部省が出した適性検査推奨の方針を見直したことになる。同時に政府としては、責任は各自治体にあると明言している。なお、具体的な自治体名は公表されなかった。

5　マスコミ報道・出版

こうした動きを受けて、二〇一二年以降、報道でこの問題がたびたび取り上げられるようになった。雑誌「AERA」二〇一二年九月号（朝日新聞出版、五六―五七ページ）がセクシュアル・マイノリティの就活の厳しさを記事で取り上げ、そのなかで地方公務員採用試験適性検査で性的指向や性役割に関する質問があった問題が紹介された。

二〇一三年三月十四日付の「北陸中日新聞」には、石川県議会での質疑応答の概要を含めた記事が掲載された（「「同性好きか」「女性に生まれたかったか」：性的指向を検査？ 石川県などの採用試験――識者「人権尊重に逆行」」）。また、同年五月三十一日付の「朝日新聞」石川版のコラムでも取り上げられている。

愛媛県では県警が警察官採用試験で適性検査MMPIを用いていたことが明らかになり、二〇一三年六月二十八日付「愛媛新聞」が大きく取り上げた。「県警採用試験 人権侵害か――「異性より同性に魅力を感じる？」「神を信じる？」――適性検査MMPI使用：当事者団体・専門家疑問視」。この取材のなかで、愛媛だけでなく全国の十四自治体が警察官採用試験でMMPIを使用していたことが明らかにされた。これを受けて地元の当事者団体であるレインボープライド愛媛の代表が、早急に改善するように愛媛県警本部と愛媛県人事委員会に要請書を提出した。

二〇一四年十一月には、十六日付の「毎日新聞」で教員採用試験での適性検査の問題が一面の四段と社会面の七段を使って大きく取り上げられた。「教員採用で性、宗教質問――心理テスト四自治体使用」「「プライバシー侵害」――受験者ら募る不信」

二〇一六年には、牧村朝子が一般向けに新書で『同性愛は「病気」なの？』[16]を刊行した。このなかで、ＭＭＰＩも含め、同性愛者の診断法とされてきた二十六もの手法を紹介し、それらの問題点やばかばかしさを批判している。

これら大きな動きを受け、前述のようにＭＭＰＩ利用を廃止した自治体もあるが、十分な改革をまだ実施していない自治体も少なくない。[17]

おわりに

テストには、作成当時の価値観・社会状況が反映される。社会学者のウィリアム・Ｈ・ホワイトは、「パーソナリティ・テストは組織の価値への忠誠性のテストになっている」[18]と激しく批判している。日本の心理学者も自治体も、ＭＭＰＩの内容や採用試験適性検査での使用の妥当性をほとんど吟味せずに使用を継続してきた。薬害エイズ事件や福島第一原発事故では、ごく限られた一部の専門家が、科学技術・知識の限界とマイナス面への十分な配慮や海外の先端情報の活用、人権の十分な尊重、市民にも開かれた議論などがないままに独断的に利用を推し進めた結果として甚大な被害をもたらした。採用試験適性検査でのMMPI使用は、こうした科学技術と社会の問題と類似する面がある。

最後に、いくつかの提言を述べて結びとしたい。
一、自治体へ：採用試験での適性検査に関して、LGBTIや親のいない人などさまざまなマイノリティが受験しても公平でハラスメントのない試験となるよう、MMPIの四つの問題点を認識し、その利用の廃止を含め、広く開かれた議論と抜本的な見直しをすべきだろう。そのためにも適性検査への過剰な期待からの脱却が必要である。二〇一一年、宮城県の教育委員会は前年に多発した教職員の不祥事を受け、新年度の教員採用試験から、不祥事の防止のために、三百万円の予算を計上して適性検査を導入することにした（「河北新報」二〇一一年二月五日付）。しかし、MMPIに限らず、教員の不祥事（ハラスメントや交通違反など）の予測や予防に役立つような心理テストは存在せず、こうした目的で適性検査をおこなっている自治体は根拠がないムダな支出をしている、といわざるをえない。
二、政府へ：採用試験適性検査での性的指向・性別違和に関する質問に関し、従来の答弁を一歩進め、「人権問題であり、これらを含む試験はおこなうべきでない」という見解を自治体などに公表すべきではないだろうか。採用面接で尋ねてはならない質問は、適性検査でも同様とすべきである。
三、学会（特に心理学・精神医学）へ：国際的に最新の学術成果やテストスタンダードにもとづき、MMPIをはじめ各心理検査のマイナス面や限界も十分に社会に伝え改善を促し、研究上の倫理的責任をしっかりと果たすべきだろう。

注

（1）国連人権高等弁務官事務所『みんなのためのＬＧＢＴＩ人権宣言――人は生まれながらにして自由で平等』山下梓訳、合同出版、二〇一六年
（2）ＭＩＮＩとＭＩＮＩ－124を作った心理学者の村上宣寛は、教員や公務員の採用試験で使われることが多いクレペリン検査、Ｙ－Ｇ検査について、就職試験や適性検査などではほとんど使い物にならないと実証データにもとづいて厳しく批判している（村上宣寛『心理テストはウソでした』〔講談社＋α文庫〕、講談社、二〇〇八年、第四章・第五章）。このほか、日本臨床心理学会編『心理テスト――その虚構と現実』（現代書館、一九七九年）も参照。
（3）村上宣寛／村上千恵子『ＭＭＰＩ－１／ＭＩＮＩ／ＭＩＮＩ－124ハンドブック――自動診断システムへの招待』学芸図書、二〇〇九年
（4）日本臨床ＭＭＰＩ研究会監修、野呂浩史／荒川和歌子／井手正吾編『わかりやすいＭＭＰＩ活用ハンドブック――施行から臨床応用まで』金剛出版、二〇一一年、一七ページ
（5）日本テスト学会編『テスト・スタンダード――日本のテストの将来に向けて』金子書房、二〇〇七年
（6）小口徹編『国際的質問紙法心理テストＭＭＰＩ－２とＭＭＰＩ－Ａの研究』小口徹、二〇〇一年、四―五ページ、前掲『ＭＭＰＩ－１／ＭＩＮＩ／ＭＩＮＩ－124ハンドブック』三四ページ
（7）James N. Bucher, et al, "Use of the MMPI-2 with Asian Populations," *Psychological Assessment*, 15(3), 2003, pp. 248-256.
（8）田中富士夫「ＭＭＰＩ」、上里一郎監修『心理アセスメントハンドブック』第二版所収、西村書店、

二〇〇一年、一〇八ページ

(9) 前掲『MMPI－1／MINI／MINI－124ハンドブック』のMINI－124の説明にもとづく。標準偏差は二一九ページ。プロファイル例は一三七―一三八ページ。

(10) Alan F. Friedman, James T. Webb and Richard W. Levak, *Psychological Assessment with the MMPI*, Lawrence Erlbaum, 1989.（A・F・フリードマン／J・T・ウエッブ／R・ルヴァク『MMPIによる心理査定』MMPI新日本版研究会訳、三京房、一九九九年、二九七ページ）

(11) 加えて、緒方佳子／小宮文人／島田陽一／砂押以久子／竹地潔／野川忍『労働者の個人情報保護と雇用・労働情報へのアクセスに関する国際比較研究』（〔調査研究報告書第百五十五号〕、日本労働研究機構、二〇〇三年）の「第三部　諸外国における労働者の個人情報保護」「第五章　アメリカ」（〔http://db.jil.go.jp/db/seika/zenbun/E2003060014_ZEN.htm〕［二〇一七年一月六日アクセス］）。

(12) 一九九〇年にWHOの国際的疾病分類ICDが十版に改訂され、同性愛が病気のリストから削除された。これを受けて、九三年には、文部省が『生徒の問題行動に関する基礎資料――中学校・高等学校編』（一九七九年）の記述が不適切だったことを認め、同性愛の部分を削除している（以前の一九七九年版では、「同性愛」を「倒錯型性非行」で「健全な異性愛の発達を阻害するおそれがあり、また社会的にも、健全な社会道徳に反」すると解説していた）。

(13) 東京都人権施策推進指針対策連絡会／部落解放基本法制定要求東京実行委員会「東京都人権施策推進指針具体化に向けた二〇〇二年度要請書」二〇〇一年十二月四日（http://www.asahi-net.or.jp/~mg5s-hsgw/siryou/jinken_sisin/jss011214.html）［二〇一七年一月六日アクセス］

(14) 稲場雅紀「同性愛者の人権侵害」「法学セミナー」二〇〇二年一月号、日本評論社、五二―五三ページ

(15) 関東地区私立大学教職課程研究連絡協議会教育実習におけるハラスメント防止研究部会編『教員採用試験における適性検査問題に関する実態調査』関東地区私立大学教職課程研究連絡協議会、二〇一三—一五年

(16) 牧村朝子『同性愛は「病気」なの？——僕たちを振り分けた世界の「同性愛診断法」クロニクル』(星海社新書)、星海社、二〇一六年

(17) 石川県では二〇一七年四月の県教育委員会会議で採用試験適性検査のなかに不適切な設問があると委員から指摘があり、今後検討するとされた。

(18) William H. Whyte, *The Organization Man*, Simon and Schuster, 1956.（Ｗ・Ｈ・ホワイト『組織のなかの人間——オーガニゼーション・マン』上・下、岡澤慶三／藤永保／辻村明／佐田一彦訳〔現代社会科学叢書〕、東京創元社、一九五九年、第四部）。付録の「パーソナリティ・テストに直面したとき、いかにうまくして逃れるか」には、さまざまなテストへの対策ノウハウが盛り込まれ、ＭＭＰＩについてもふれている。

［付記］本章は、日本学術振興会科学研究費補助金（挑戦的萌芽研究16K13135）「教員・公務員採用適性検査におけるジェンダー質問をめぐる知識社会学的研究」による成果の一部である。

第2部
大学教育でのＬＧＢＴＩの権利保障

第6章 日本の大学での性的少数者に関する調査結果

隠岐さや香

はじめに

日本の大学での性的少数者の学生と教職員の状況については、近年ようやく調査がおこなわれるようになり始めたばかりである。当事者学生によるサークル活動や性的少数者の問題を扱う授業などを通じ、性的少数者とその文化が大学と関わりをもってから優に四半世紀は経過している[1]はずだが、当事者の実態については二〇一〇年代に入っても可視化が進みつつある途上といわざるをえない。

特に画期的だったのは、河嶋静代による大学を対象にした初の包括的な調査、『性的マイノリティの学生支援における課題[2]』だろう。この報告は全国の国公立・私立大学、短期大学を対象に「マイノリティの学生支援状況」と「性的マイノリティ学生の修学環境整備」について郵送アンケート調査とヒアリング調査をおこなったものである。二〇一三年頃から大学での「性同一性障害」や「性別違和」をかかえる「当事者」についての実態調査は散発的に存在した[3]ものの、それらの当事者を含めた「性的マイノリティ」全体を対象とした点で同調査は初めてといえる。

後述するように、筆者は性的少数者も含めた「研究環境のダイバーシティ（多様性）」について考えるために、複数の識者とともに共同研究調査をおこなっている。先行する調査が当事者としての学生を主な対象としたのに対し、筆者らの調査は研究者（主には若手研究者と大学院生）、すなわち大学の教職員スタッフとなる人々を主たる対象としたところに特徴がある。ただし、性的少数者に加えて、障害があったり女性だったりと、基本的にいわゆる「健常な異性愛者男性」ではない人々すべてを包含するように対象にしているため、本書の関心事からはずれる部分もある。そこで本章ではまず河嶋の調査を紹介したうえで、筆者による共同研究調査のうち性的少数者に関わる部分だけを紹介することにする。

1　学生に対する性的少数者支援の状況――先行研究紹介

河嶋がおこなったのは、全国の国公立・私立大学と短期大学のうち五百校に対する学生支援に関してのアンケート調査（二百四十一校が回答）と、聞き取りやウェブサイトでの情報収集をふまえたＬＧＢＴ（など）学生サークルの活動状況調査だった。また、大学のサポート体制と学生支援の具体的な内容について、国際基督教大学をはじめ四大学の教職員八人に詳細な聞き取りをおこなっている。これらの情報に加え、同調査報告書にはインターネット上で二〇一五年時点での入手可能な大学の「性的マイノリティ学生サークル」ウェブサイト情報や、大学のセクシュアルハラスメント防止対策での性的少数者についての記載をまとめた表などを掲載している。

同調査から明らかになったのは、国内の大学で、性的少数者への対応がいまだ個別的で散発的な取り組みに終始している現状だった。詳細は本書の河嶋静代「第７章　大学での性的指向と性自認が非典型の学生支援の課題」を参照していただくとして、簡単な数字を挙げると、二〇一四年時点で全国の約五〇％の大学（国立大学では八〇％）で性的少数者の学生からの相談を経験しているのに対し、学生生活の手引、ハラスメント防止ガイドラインなどに性的マイノリティに関する具体的な記述をしている大学は全体の五％と非常に少ない。性的マイノリティの人権をテーマにした教職員への研修も全体の二％であり、多くの大学で、性的マイノリティの専門でない相談員がその相談に対応している。また、日本の大学は性的少数者学生のサークル活動から要求をくみあげ、システム改善につなげていく動きが活発とはいえないことも示唆されている。

これらの分析をふまえて河嶋は、個別的な対応ではなく、大学としての組織的な対応が急務だと訴えている。具体的には、「性的少数者支援の手引き作成」「潜在化したニーズの掘り起こしと相談窓口ＰＲの必要性」「学習会・研修会の必要性」「ガイドライン作成の必要性」「キャリア・就職に関する支援の必要性」「支援のための情報やアドバイスの提供」「ニーズに対応できる支援体制の整備」などが、事例の紹介とともに挙げられている。

また、性的少数者についての施策をすでにある取り組みと連携させて支援する必要性も指摘している。たとえば、セクシュアルハラスメント防止ガイドラインに性的少数者についての規定を盛り込むことや、障害支援の指針を定める場合に、支援を必要とする性同一性障害の学生も支援対象にすることなどである。

以上からうかがえるのは、大学でも、性的少数者に対する揶揄や中傷、そして望む性での社会生活を認めないといった措置を人権問題として捉える認識が十分には共有されていないことである。

しかも、先進的な取り組みをする一部の大学と、問題を可視化することにさえいたっていない大半の大学という格差が厳然と存在している。

2 「研究環境におけるダイバーシティのためのアンケート調査」——調査の目的・方法と定量的内容の分析

ところで、大学を構成するのは学部学生だけではない。教職員・研究者や、それを目指す大学院生といった人々も大学の構成員だが、彼ら／彼女らが性的少数者として遭遇する問題となると、その人口規模の小ささもあり、関心は十分ではなかった。そこで筆者は、二〇一五年から共同研究として、研究環境でのダイバーシティを実現するにあたり、取り組みが必要となる困難や問題の事例を集めている。共同研究者は熊谷晋一郎・清水晶子・木下知威・福島智・綾屋紗月・星加良司・中村征樹・大河内直之であり、それぞれ科学技術社会論、当事者研究（身体障害・精神障害）、クィア・スタディーズなどを専門としている。(4) 本調査自体は一六年十二月現在も進行中だが、本章では主に一六年二月から三月にかけておこなったアンケート調査のうち、性的少数者に関連が深いものを紹介する。

先に述べたとおり、本調査の目的は、性的マイノリティ・障害当事者が研究者や教員として活躍するにあたっての課題を探ることにある。ダイバーシティのキーワードのもと、障害、性的指向、ジェンダーの問題をまとめて調査しているため、性的少数者に特化した内容にはなっていない。だが、大学や研究機関という現場では、障害がある者が性別違和の問題をかかえているなど、複合的に問題が現れることも想定される。また、異なる属性をもつ者同士が類似のニーズをかかえることもありうる。そのため、このような大きなくくりでの調査にも一定の意義はあると考えて実行した。なお、本来ダイバーシティといえば、移民問題を含め、異なる文化や慣習をもつ人々同士の間で生じる問題についても扱うことが望ましい。だが今回の調査では国籍などは問わず、かつ対象者を日本語話者に限っているため、その問題が十分に扱えてはいないことは断っておく。

アンケートはオンライン上に設置したウェブアンケートの他に、ワードファイル（晴眼者用通常版と弱視者用の拡大文字版）、テキストファイル（音声読み上げソフト対応[5]）を関連がありそうな団体や組織と関心がありそうな個人に向けてメール送信しておこなった。調査の性質上、このアンケートに該当する当事者全体数の把握が困難であるため、特に目標数値などは設けなかった。

設問では、最初に「障害をもつ人」「性的少数者（LGBTの方、アセクシュアルの方、男女の区分に疑問を持つ方など）」「女性」のいずれであるかをたずねた。なお、「男性」の選択肢がなく、「女性」か否かの性自認だけをたずねた理由は、生まれたときの肉体上の性別にかかわらず、アカデミアで「女性」として生きる人々に特徴的な困難があるかを検証するためだった。当然ながら、トランスジェンダー女性、シスジェンダー女性の双方がそのように回答することも想定していた。

また、障害者であれば障害の種類を確認したが、性的少数者に対して、いわゆるLGBTのいずれかを問う質問はしていない。これは主に、前者については障害者手帳での分類など、制度的に定められて当事者内でも共有されている分類が存在するが、後者については同様のものが存在しないことによる。他には、年齢、最終学位、専門分野や職位、所属機関の種類（大学かそれ以外か、国公立の別）なども確認した。

　研究や教育をおこなううえでどのような困難があるのかを聞き出すにあたっては、いくつかの主題を設定し、四件法による順序選択肢（「1、よく当てはまる」「2、やや当てはまる」「3、あまり当てはまらない」「4、まったく当てはまらない」といった選択肢）と自由記述とでたずねた。設定された主題は「研究テーマの確定」「教育活動」「周囲の態度」「不当な扱いがあるか」「雇用条件等で不当な扱いがあるか」「（教育・研究で使用する）道具の不便さがあるか」「計画を立てることに困難はあるか」「交通・宿泊の困難」「医療的ケアの困難」などである。いずれも障害と性的少数者の問題について、当事者研究の観点も交えて選んだ設問だった。

　その結果、百四十七人からの有効回答があり、そのうち性的少数者と回答したのは三十五人で、そのうち「女性」の自認がある回答者は十六人だった（「女性」自認の回答者は全体でも多く、性的少数者以外も加えると百十人にのぼる）。回答者の専門分野は人文学・社会科学系が多く、全体の三分の二を占めたが、理・工・医歯薬系諸分野にも一応欠けることなく、数人ずつの回答者が分布していた。自らを性的少数者だとした回答者三十五人のうち年齢は二十代が四九％、三十代が四〇％、四十代が一一％であり、全体的な平均よりも若年層が多かった。そのため、大学院生も四八％と半数以上を占めていた（他は専任教員・研究者二九％、非常勤職一四％、任期付き専任教員・研究者九％）。

　四件法の回答内容からは、性的少数者と、そうではない他の回答者、すなわち障害（発達障害、精神障害、肢体不自由、視覚障害、聴覚障害など）があるとした回答者や、健常者の女性回答者などとの間に、優位な回答傾向の差があるかを検証した。そうしたところ、「性的少数者」の回答者は他の集団に比較してとりたてて特徴となるような強い困難を感じてはいないという結果になってしまった[6]。ただし、対象者の少なさもあり、これだけでは一般的な結論を導くことはできないし、設問のあり方が性的少数者に適していなかったと推測することもできる。

3 研究者である性的少数者がかかえる困りごと——自由記述欄の分析

自由記述欄からは、性的少数者である研究者・教育者がかかえる具体的な困難がうかがえた。まず、研究者だというアイデンティティの根幹に関わる問題として、研究テーマの選択がある。性的少数者に対する研究関心を指導教員や周囲の人々に告げるのがむずかしいことがあるのだ（回答者番号4、63）。たとえば、三十代のある研究者は次のように述べている。

「自分にとって最も切実で最も関心のあるテーマを選ぶことができない。所属機関の人びとが障害者や性的少数者に対する差別的・揶揄的な態度をもっていることは日常会話を通してわかっているので、そのようなテーマを選ぶこと自体が自分の障害や性的指向について（それをカムアウトするまではいかないにしても）疑いを容れる《（ママ）》ことになる。所属機関での自分の「身の安全」を確保するには、そのようなテーマを選ぶわけにはいかない」（回答者番号4）

他方で、人文社会科学系、とりわけ社会学やジェンダー、クィア・スタディーズなどの分野であれば、自らの性的指向を隠さずに性的少数者に関わる主題を選べる環境もある。しかしそうした分野を選択した場合、今度はその専門外の人々から、分野自体を軽視する言動を受ける場合がある。三十代でクィア・スタディーズを専門とするある研究者は、「研究内容と研究者のセクシュアリティが連結していることから、「単に自分のことだから気になるだけで、社会的な意義に乏しい研究」であると批判された」ことがあるという（回答者番号132）。

性的少数者が研究者もしくは教育者としてかかえる悩みについての記述もあった。教員として勤務する性的少数者にとって、性的少数者ではない学生は、マジョリティとして強者にもなりうる。記述からは、学生に自らの性的指向を知られないよう注意しながら過ごす性的少数者教員の様子がうかがえた。個人のプライバシー上の問題から詳しくは書けないが、なかにはすでにトラブルをかかえている場合もあった（回答者番号24、112、148）。

実際のところ、仮にマジョリティである学生が、トランスジェンダー教員の異性装が不快だとか、同性愛者の存在は大学の評判に関わるのではないかなどと大学当局に訴えた場合、ごく一部の大学を除き、教員の性的少数者としての権利を守る仕組みはほとんど存在しない。そのことについての不安を訴える記述は複数みられた(7)。

また、性別表記の変更や各種書類の男女二元論ではない表記、トイレや更衣室といった設備に関する問題についての配慮を要求する行動は、現状では、性的少数者が所属先教育研究機関に対して一人で取り組まざるをえない課題になっている。そのため、精神的な負担を感じたり、クレーマー扱いされる苦痛を味わったりするなどの状況も生じている（回答者番号71、148）。

同業者との関係では、異性愛者をモデルとした人生観や結婚についての話題を酒の席などでふられることへの息苦しさ、話題に入りづらいなどの記述があった（回答者番号23、132）。特に性自認が「女性」である場合（たとえばレズビアン、バイセクシュアル女性）は、「女性らしさ」の押し付けや、身体接触を伴うハラスメント体験の記述があり、性的少数者ではない女性のセクシュアルハラスメントと重なる内容がみられた（回答者番号132、139）。また、男性やアセクシュアルの自認がある回答者の場合でも、異性装やそれに近い姿など、典型的な男性の姿ではない場合は、容姿への揶揄を含めたハラスメントの記述がみられた（回答者番号23、148）。

4　研究する性的少数者と異性愛者女性、障害者に共通するもの

回答者全体からうかがえたのは、「異性愛者で健常者である男性教員・研究者」ではない人々が何らかの生きづらさを感じやすいという日本の大学の現状である。そもそも、このアンケートが、非性的少数者、非障害者である女性からの回答を予想以上に多く集めた事実からして示唆的である。全回答者百四十七人のうち九十人がそれに該当する。

本章の目的は性的少数者に関する内容を紹介することにあるため、これらの女性研究者・学生たちによる豊かな記述の大半を割愛している。だが、子育てと家事の負担に関わる部分を除けば、

「女性」回答者の困りごとと性的少数者が感じる困難にはかなりの程度で重なる部分があった。たとえば女性の場合も、研究テーマ選択で「ジェンダー」「フェミニズム」など、当事者性がある主題を選ぼうとする場合、教員または周囲から自分の研究対象について否定的な言動を受けたという記述がみられる（回答者番号10、78、94）。また、教育者としての立場に関しても、学生がコメントペーパーに性的あるいはハラスメント的な内容を書いてくるが大学が対応しないなど、マジョリティの立場（大半の大学には男子学生のほうが多い）から問題行為をする学生に対し、所属機関が十分な対処をしない事例がみられた（回答者番号3、43）。

障害者と性的少数者も重なり合う困難をかかえている。まず、これはすでによく知られたことだが、ユニバーサル（多目的）トイレの使用や着替え、休憩場所、医療措置の必要性という点で、トランスジェンダーかトランスセクシュアルの人々と一部の身体障害者のニーズは一致する。この点に関して、複数の回答者が、そうした設備の充実と、性的少数者、障害者双方を想定した配慮の必要性についての認識を共有していた（回答者番号21、53、71、72、139、148など[8]）。

次に、障害がある性的少数者という「ダブル・マイノリティ」の状態で研究に従事する人は決して少なくないということがある。このアンケートでは性的少数者として回答した三十五人のうち十一人に何らかの障害があり、それも身体障害、知覚障害から精神障害まで回答属性がほぼ均等に分布していた。母集団が少ないこととアンケート回答者に偏りがあることは十分に考慮しなければならないが、同時に、これらの人々の研究環境の改善という視点から、少なくとも次の二点について十分に認識しておくことも必要だろう。

第一に、現状で性的少数者である研究者・学生は無理解やハラスメントにさらされやすく、精神的負担からメンタルヘルスが損なわれる危険性は大きい。特に所属がはっきりしていて「支援」の対象になりやすい学部学生の立場を離れ、若手研究者として任期雇用や非常勤雇用状態などにある時期は、一般的にいっても孤立感をもちやすく危険な時期だといえる。また、当事者に発達障害などがある場合、日々のコミュニケーションで被る精神的負担はさらに大きくなる。大学での精神障害者や発達障害者の支援で性的少数者が前提とされることは急務だろう。

第二に、大学での障害支援と性的少数者の支援とが互いを想定せずにおこなわれる（あるいはおこなわれない）傾向が強い現状では、ダブル・マイノリティの人々は孤立しやすくなっている。障害支援の場や同じ障害がある仲間の前では自らのセクシュアリティを隠しているが、他方では、健常者である性的少数者の集まりやサークル活動に参画しづらい状況があるからだ。(9) 後者については公式／非公式な学生サークル活動のあり方も絡むために取り組みは容易ではないが、少なくとも障害支援と性的少数者への支援では、多様な当事者を想定しながらおこなうのが望ましいだろう。

おわりに

河嶋も述べているように、性的少数者に対する取り組みは、セクシュアルハラスメント防止ガイドラインの整備や、学生支援室、障害者支援、キャリアセンターのカウンセラーに対するはたらきかけを必要とするものである。その際に、アライ（LGBTなどの当事者ではないが、性的マイノリティを理解して支援する考え方）の教職員を増やすことは重要ではあるが、同時に、教職員自体が当事者であることも当然の前提とされなければならない。

また、研究者を志望する大学院生には、学部学生では必ずしも前面に出ない「研究と教育」固有の問題があることにも考慮が必要である。研究テーマ選択の困難や、不安定な就労環境での学生、同僚とのトラブルといった論点について、今後も注意深く検証を積み重ねる必要があるだろう。

前述の「研究環境におけるダイバーシティ」調査が示すのは、性的少数者の問題が、従来の男女共同参画の取り組みや、障害支援の取り組みとも十分に連続しながらなされることが望ましいということだった。残念ながら日本社会の現状は全体として厳しいため、ときに「女性の人権問題さえ解決していないのに、最近は性的少数者にばかり脚光が当たる」という感想をもらす人も少なくない。また他方では、一目瞭然な困難――たとえば日々の生活や移動、授業参加のすべてに困難をもたらすような障害など――に比べると、性的少数者の人々のそれは可視化されにくく、わかりづらい。そのため、緊急性が低く見なされがちである。

しかしながら、少なくとも研究者の環境という問題に限るなら、性的少数者がかかえる困難は「異性愛者かつ健常者である男性教員・研究者ではない」人たち、すなわち女性や障害者がかかえるそれと深い部分では重なり合っている。一方に関心を注いだから他方がなおざりになるという類いの問題ではないだろう。筆者らがおこなったアンケートへの回答にも、ハラスメント問題全体への関心が高まって取り組みが進むことや、ダイバーシティ全体について考える機会が大学の取り組みとして増えることを強く望む声があった（たとえば回答者番号21、23、25、66、132、134）。包括的な視野に立ってこそ、性的少数者がかかえる問題を人権問題として適切に位置づけていくことができるのである。そのために取り組まなければならない課題は多い。

注

（1）筆者の手元にある一九九四年の東京大学サークル案内には「動くゲイとレズビアンの会」などの記載があった。文学研究分野では九〇年代からクィア・スタディーズなどを通じて問題意識が一部の研究者や院生に共有されつつあった。

（2）河嶋静代『性的マイノリティの学生支援における課題　平成二十六年度ジェンダー問題　調査・研究支援事業報告書』北九州市男女共同参画センター・ムーブ、二〇一五年

（3）たとえば、佐藤麻夕子／末石佳代／新井富士美／中塚幹也「大学における性同一性障害当事者への対応の実態」（『GID（性同一性障害）学会研究大会プログラム・抄録集』所収、GID学会研究大会事務局／山本クリニック、二〇一三年）、中塚幹也「学生保健室・学生相談室における性別違和感を持つ学生への対応に関するアンケート調査」（GID学会編集事務局編「GID（性同一性障害）学会雑誌」第六号、GID学会、二〇一三年）、関明穂「性別違和・性同一性障害についての相談が学生・社員からあったら…――大学・職場の健康管理スタッフのための相談対応ガイド」（［http://gender.web.fc2.com/menu4/booklet.pdf］、二〇一四年）など。

（4）「当事者研究」とマイノリティ研究者が研究に参加する意義を簡潔にまとめたものとしては次を参

照。熊谷晋一郎「マイノリティが研究に参加する意味」「化学と教育」第六十四巻第六号、日本化学会、二〇一六年

（5）晴眼者とは健常な視力をもつ者のことである。拡大文字版はフォント二十ポイントを基本とし、一つの設問内容がなるべくページをまたがないようにするなど、弱視者に配慮をしたものである。音声読み上げソフトは文字認識の困難な視覚障害者を想定しているが、近年のソフトはテキストファイルだけでなく大半のワードファイルにも対応しているようである。

（6）詳細は、隠岐さや香／熊谷晋一郎／清水晶子／木下知威／福島智／綾屋紗月／星加良司／中村征樹／大河内直之「研究環境におけるダイバーシティのためのアンケート調査」（準備中）を参照。

（7）プライバシー保護のため、実際の回答例から内容を変えて記述している。

（8）女性用のトイレさえ不十分という記述もあった（回答者番号76、91）。

（9）たとえば、二〇一六年九月十六日のインタビューなど。

第7章
大学での性的指向と性自認が非典型の学生支援の課題

河嶋静代

はじめに

筆者は、二〇一四年、全国の大学での性自認と性的指向に関わる学生支援について調査を実施した。その結果を調査報告書『性的マイノリティの学生支援における課題』[1]にまとめた。本章では、一四年の同調査から三年以上が経過するなかでの状況の変化をふまえて、あらためて課題を見直す。

前述の調査報告書では主題となる対象について「性的マイノリティ」という用語を使っていたが、国連の諸機関で用いられている「性的指向・性自認が非典型である人」という用語を本章では使うことにする。その理由は、性的指向・性自認が非典型である人は十三人に一人という調査結果[2]もあり、少数といえるのかという指摘や、「LGBTI」は厳密な証明、分類は不可能だという指摘[3]もされているからである。

性的指向と性自認が非典型の人々をめぐる昨今の動向をあらためて振り返ると、二〇一一年、国連人権委員会は、性的指向や性自認が非典型である人への差別と暴力を懸念する決議を採択、一四年には、LGBTの人々に対する差別・偏見などの防止措置など、日本政府に対して勧告を出した。[4]また同年、WHO(世界保健機関)は、性別変更に生殖機能の喪失を強いるのは人権侵害だと廃絶を求める共同声明を発表した。翌一五年、アメリカ連邦最高裁が同性婚を憲法上の権利として認めて合法化するなど、欧米諸国では性の多様性を認める動きが進展している。

そうしたなかで、日本でも「性的指向や性自認が非典型である人に対する人権」を守るための法整備が喫緊の課題になってきている。[5] 二〇一四年に、オリンピック憲章第六章の差別の禁止規定に「性的指向」が盛り込まれ、開催都市にLGBTの差別禁止が求められることで、二〇二〇年の東京でのオリンピック・パラリンピックの開催国として日本の姿勢が問われているからである。

学校に関する動向としては、二〇一四年の男女雇用機会均等法の改正によって、LGBTへのセクシュアルハラスメントが規定された。また、障害者権利条約の批准によって法制化された障害者差別解消法の一六年からの施行に際して、障害者への「不当な差別的取扱いの禁止」と「合理的配慮」が義務化され、[6] 大学でのガイドラインの策定が進むなか、性同一性障害の学生への対応も具体化している。

さらに、二〇一四年に文部科学省は性同一性障害の生徒に関する状況調査をおこない、一五年には「性同一性障害に係る児童生徒に対するきめ細かな対応の実施等について」[7] を小・中・高校に向けて通知した。これをベースに、一六年にはLGBTの生徒への対応事例などを記載した教職員向けパンフレット[8] が公表された。

こうした動向に鑑みながら、本章では大学での性的指向・性自認が非典型である学生支援の課題について検討していく。第1節では、大学での『性的マイノリティの学生支援における課題』の概要をふまえながら、第2節では、性的指向や性自認が非典型である人に関する文部科学省などの文書や法整備のための全国連合会が発行した『性的指向および性自認を理由とするわたしたちが社会で直面する困難のリスト[9]』などを参考に、課題の再検討を図る。

1　調査報告書の概要

アンケート調査から

前述した『性的マイノリティの学生支援における課題』のアンケート調査結果では、都会にある大学と地方にある大学、また短期大学・女子大学などで、大学の相談状況や支援の必要性に関する意識に違いがみられた。

まず、学生の手引や学生相談室のリーフレットなどに性的指向・性自認についての記載やセクシュアルハラスメント防止のガイドラインなどに例示を記載している大学の割合は、全体の四％未満という低さだった。

全国の大学の性的指向や性自認などに関する相談は約五〇％の大学であった。地域別では、北海道・首都圏・近畿・中国では半数以上の大学で相談があったが、北陸・東北の大学での相談は一〇％台から二〇％台と少なかった。国立・公立・私立・短期大学別にみると、学生数が多い国立大学では、約八〇％の大学で相談があったが、学生数が少ない短期大学では約二〇％の大学でしか相談がなかった。

相談室での対応は、性的指向や性自認が非典型の人に関して専門ではない（知識がない）相談員が対応している大学が大半だった。そうした状況に対して、特別の配慮をしているのは全体の二六

％と少なかった。しかし、比較的相談がある国立大学では、特別の配慮を六〇％弱の大学がしていて、支援の取り組みの必要性も六〇％以上の大学が感じていた。また、相談が少ない短期大学では、「ニーズがないので、必要性を感じていない」（自由記述）など、支援の必要性を感じている割合も低かった。

特別の配慮の内容としては、大学の健康診断への対応が最も多く、通称名での学生証や学籍簿、卒業証書を認める大学はごく少数だった。

女子大では、「男性のルックスの入校者に対して警備が厳しい、守衛に顔を覚えてもらい、本人が学生証を提示しなくてもすむように配慮」「女性学生として入学しているので対応が難しい」など、女子大ならではの特徴が見られた。

また、性的指向や性自認が非典型である人の人権をテーマにした大学の教職員への研修を実施している大学は二％台で非常に少なかった。また、大学での支援の取り組みの必要性を感じている人は五〇％にも満たず、「ニーズが表明化していないので必要性を感じていない」「ニーズが潜在化している」という自由記述が多くみられた。

ヒアリングから

・大学の教職員へのヒアリング

先駆的な取り組みをしているある大学では、人権相談員が窓口となって氏名や性別記載の変更の手続きをしたり、トイレや更衣室の使用、体育の授業や健康診断などについて学生が利用しやすいようにサポート情報を大学のウェブサイトで学生に提供したりしていた。また、大学の関連部署との連携を図りながら、ジェンダー・セクシュアリティに専門性を有する臨床心理士を配置したジェンダー・セクシュアリティ特別相談窓口が設置されていた。この大学では通称名使用を制度化して、大学合格後すぐに対応をとり、入学式までに手続きが完了して望む性でキャンパスライフを送ることができるようになっていた。

一方、全国には性自認が非典型の学生の通称名の使用を認める大学があるが、その認め方には、①すべての書類に通称名を認める（学内だけではなく学外で使用する卒業証書や成績証明書なども含む）、②限定的に認める（学内で使用する学籍簿や学生証など）と、およそ二つの類型がみられた。

・全国の大学のセクシュアルハラスメント防止対策

全国の大学のセクシュアルハラスメント防止対策についてインターネットで調べると、①同性間のセクシュアルハラスメントについて明記、②性的指向について明記、③性的指向・性自認が非典型の人について明記、④性的指向・性自認を含むダイバーシティの視点から人権ハラスメント、モラルハラスメントについて明記している大学に分かれた。性的指向と性自認が非典型の学生を対象として、具体的な事例を示している大学はきわめて少なかった。男女雇用機会均等法の改正によってＬＧＢＴへのセクシュアルハラスメントも含まれることになったが、規定が法律改正に伴いフォローアップされていない大学が多いことがわかった。

・性的指向と性自認が非典型の学生サークル

性的指向と性自認が非典型の学生が集うサークルには、①交流型、②研究型、③アクション型がある。交流型のサークルが最も多く、研究型とアクション型のサークルは少数だった。アクション型のサークルは社会啓発活動をおこなっているが、大学に対して性的マイノリティへの支援を充実させる要請活動をおこなっているサークルは少なかった。それらをふまえ、以下のような提言をまとめた。

・提言

①大学で性的指向・性自認が非典型の学生支援のための指針（ガイド）の作成が求められる。特に性自認が非典型である学生の通称名使用の要望に関しては、大学の関連部署が共通認識をもち、連携して問題解決に取り組む必要がある。

②障害者差別解消法の施行によって大学で障害学生支援の対応を図ることが課題になっている。障害学生の支援のガイドラインを策定する場合には、性同一性障害の学生への支援をきちんと位置づけて対応を図る必要がある。

③通称名の使用を認める大学は非常に少ない。通称名の使用については、対外的に使用する証明書など、すべての書類に認める大学と、学内で使用する書類に限定する大学とがある。当事者学生のニーズをふまえたあり方が求められる。

④セクシュアルハラスメント防止のガイドラインに性的指向・性自認が非典型の学生が対象に含ま

れず、具体的な事例が記載されていない大学が多いので、見直しが必要である。⑤性的指向・性自認が非典型的の学生の存在は大学で潜在化し可視化されていない。相談窓口に訪れることでニーズが表面化する。性的指向・性自認に関する相談に応じているという情報提供や相談窓口の周知を図る必要がある。⑥サポート体制の整備には、推進力になる教職員が必要である。そのために性的指向と性自認が非典型の学生に理解があるアライ（LGBTなどの当事者ではないが、性的マイノリティを理解して支援する考え方）の教職員が増えることが求められる。カウンセリングでの二次被害も指摘されていて、学生相談室、障害者支援、キャリアセンターなどのカウンセラーへの研修を含め、大学の教職員への研修が必要である。

2　性的指向・性自認が非典型の学生を支援するための課題

『性的指向および性自認を理由とするわたしたちが社会で直面する困難のリスト[10]』の「子ども・教育」に関するリストをもとに、大学に通じる内容を洗い出して類型化すると、①学生と教職員の差別意識の問題、②大学の設備の問題（性別違和の学生のトイレ・更衣室、学生寮などの利用）、③性別による区分の問題（宿泊行事、健康診断、身体測定、クラス分け、呼称など）、④家族関係の問題（家族の無理解、軋轢など）、⑤自己肯定できない（ロールモデルがない）、⑥支援・相談場所の問題（支援を受ける場所がない、悩みを相談する場所がない）、⑦教員や福祉・看護などの専門職養成の問題（教員、児童福祉職員、スクールソーシャルワーカー、スクールカウンセラーに性的指向や性自認に関する視点や知識がない）、⑧性教育の授業の問題、⑨図書館の問題（情報アクセス、性的指向・性自認に関する資材・教材不足）、⑩性別記載や通称名使用など書類の問題（学生証・学籍簿・証明書・図書館カード、戸籍の性別変更後の証明書など）、にまとめられた。

これらの問題を、性的指向に関するもの、性自認に関するものに分類して整理すると、対応策として、性自認に関するものは、設備面での配慮、通称名使用や希望する性別による配慮あるいは個別的配慮に関する課題、専門知識を有するカウンセラーの相談室への配属、当事者サークル開設などの支援の課題、一方、性的指向に関するものは専門知識を有するカウンセラーの相談室への配属、当事者サークル開設などの支援の課題が考えられた。その他、小・中・高校の性的指向・性自認によって困難をかかえる児童・生徒のために、大学に求められることとして、大学の教職・専門職養成科目に性的指向・性自認に関する内容を盛り込む、といった課題がみえてきた（表1）。

以下、これらの課題を具体的に検討していく。

大学の設備、性別による区分の問題への対応

文科省の「性同一性障害や性的指向・性自認に係る、児童生徒に対するきめ細やかな対応等の実施について（教職員向け）」[11]では、対応事例として、服装は自認する性別の制服・衣服や体操着の着用を認める、トイレは職員用トイレ・多目的トイレの使用を認める、呼称の工夫として校内文書

表1　当事者が直面する困難と対応

当事者が困難なこと	性自認に関するもの		②大学の設備の問題（トイレ、更衣室、学生寮など）	設備上の配慮
			③性別による区分の問題（宿泊行事、健康診断、身体測定、体育などでのクラス分け、呼称）	希望する性別による配慮、個別的配慮
			⑩性別記載、通称名使用など書類の問題（学生証、学籍簿、卒業証書、証明書、図書館カード、戸籍の性別変更後の証明書の発行）	通称名使用など希望する性別による配慮、書類上の性別記載の削除
		性的指向に関するもの	①学生と教職員の差別意識の問題	性的指向・性自認が非典型の人への理解を深める
			④家族関係の問題（家族の無理解、軋轢など）	
			⑤自己肯定できない（ロールモデルがない）	差別偏見の除去 専門知識を有するカウンセラーの相談室への配属、当事者サークル開設などの支援
			⑥支援・相談場所の問題（支援を受ける場所がない、悩みを相談する場所がない）	
			⑨図書館の問題（情報アクセス、性的指向・性自認に関する資材・教材不足）	性的指向・性自認が非典型の人への教職員の理解を深める
その他			⑦教員や福祉・看護などの専門職養成の問題（教員や児童福祉職員、スクールソーシャルワーカー、スクールカウンセラーに性自認や性的指向に関する視点や知識がない）	大学の教職・専門職養成科目などに性的指向・性自認に関する内容を盛り込む
			⑧性教育の授業の問題	

（出典：LGBT 法連合会〔性的指向および性自認等により困難を抱えている当事者等に対する法整備のための全国連合会〕『性的指向および性自認を理由とするわたしたちが社会で直面する困難のリスト』〔第2版、LGBT 法連合会、2015年〕をもとに筆者が作成）

（通知表を含む）を児童・生徒が希望する呼称で記す、自認する性別として名簿上扱う、授業は体育または保健体育で別メニューを設定する、などを挙げている。大学でも、文科省の通達のように、個々人のニーズに応じた細かい配慮がなされるべきである。

外部に使用する証明書などに通称名使用を認める

前述したように、『性的マイノリティの学生支援における課題』では、全国の大学の通称名使用制度は内部の書類だけに限定して認める大学と対外的な書類にも認める大学に分かれた。限定的ではなく外部に使用する証明書などにも通称名の使用を検討すべきだと考える[12]。

性同一性障害（ＧＩＤ）[13]で外見と戸籍上の性別・氏名が異なる学生にとって、就職や大学院進学などのために提出する卒業証明書や成績証明書に関するストレスは大きい。ＧＩＤであることを周囲に知られず性別や名前を変更するには、在学中に、あるいは休学するなどして卒業までに、家庭裁判所での改名や、性別適合手術をして戸籍の名前や性別を変更することが必要である。しかし、大学で性別記載がない通称名の卒業証明書や成績証明書が発行されるのであれば、いずれは戸籍上の性別を変えたり改名したりするとしても、時間的な余裕ができるのではないだろうか。

通称名使用を対外的な書類にも認める大学[14]では、使用についての責任は本人が負うことの了解をとる大学が多い。その際、使用の利益や不利益などについて説明して、不利益などは本人が対処することを理解させ、口頭や書面で確認したうえで使用申請を受け付けるなどしている。学生にとっては選択肢の幅が広いほうがいい。

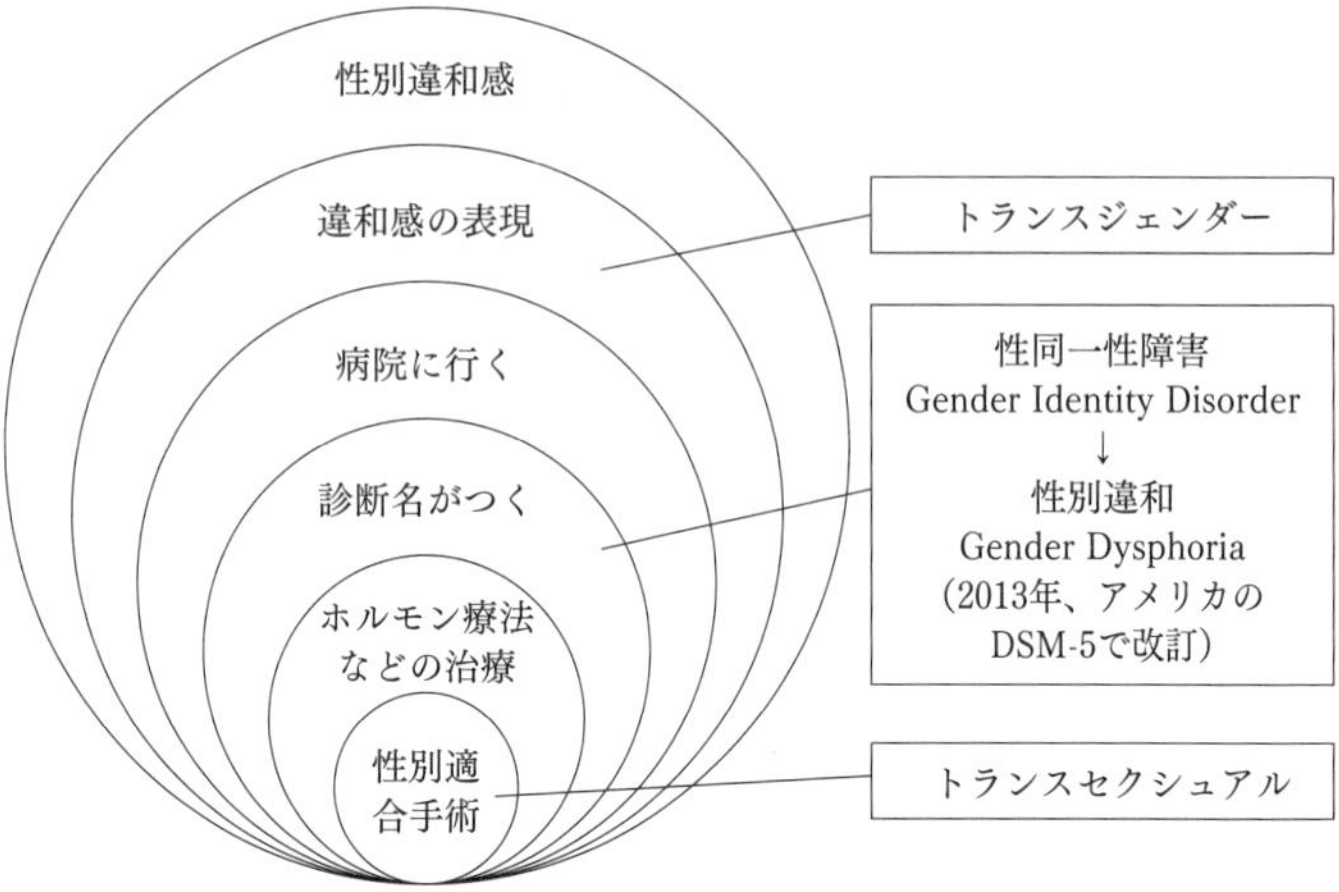

図1　自分の性別に違和感を覚える人々
(出典：飯田亮瑠「性の多様性入門——LGBT って何？　しんどさはどこに？」〔配布資料〕、キャンパス・セクシュアル・ハラスメント全国ネットワーク第22回全国集会 in 広島第一分科会、2016年８月21日、一部改編)

通称名を認める要件を緩和

筆者が勤める北九州市立大学では通称名の使用が制度化された。利用の第一号になったAさんは制度の意義を認めながらも、通称名使用の制度はハードルが高いという。それは、「性同一性障害（GID）」という医者の診断書が必要だからである。トランスジェンダーの学生には、心と体の違和感の程度やその表し方にも個人差がある。違和感を何らかの形で表出している人、病院にいくが診断名がつかない人、病院で診断名がつく人、病院でホルモン治療などをする人、性別適合手術を受ける人など多様である（図1）。すべての人が病院にいき診断を受けるわけではない。なかには診断を受けていない学生も多く、そういう学生にとっては大学の通称名使用制度を利用することはできない。

文科省の通知「性同一性障害に係る児童生徒に対するきめ細かな対応の実施等について」では、呼称の工夫として校内文書（通知表を含む）を児童生徒が希望する呼称で記す、自認する性別として名簿上扱うなどの支援の事例を挙げている。「医療機関を受診して性同一性障害の診断がなされない場合であっても、児童生徒の悩みや不安に寄り添い支援していく観点から、児童生徒や保護者の意向を踏まえつつ支援を行うことは可能」としている。十八歳未満の児童・生徒の場合には性同一性障害（ＧＩＤ）の医学的診断を出すことがむずかしく、診断を有しないものが多いという理由があるかもしれないが、大学でも診断を有しない学生は多い。文科省の通知のように、診断書の有無にかかわらず、当事者の学生のニーズに沿った対応として、せめて学内だけでも通称名の使用を認めるべきだと考える。

卒業後に戸籍上の性別を変更した場合への対応

大学卒業後に性同一性障害の元学生が性別適合手術をして戸籍上の性別や名前を変更した場合（学生時代に家庭裁判所で通称名に変更しておらず、旧名で卒業証書などが記載されている場合）には、卒業証明書や成績証明書が旧名で書いてあるので支障が生じてくる。

文科省の「性同一性障害に係る児童生徒に対するきめ細かな対応の実施等について」では、「卒業証書等では、卒業後に法に基づく戸籍上の性別の変更等を行ったものから卒業証書等の発行を求められた場合は、戸籍を確認したうえで、当該者が不利益を被らないよう適切に対応する」とし、「変更後の性別や名前に合わせて発行し直すことも可能[15]」としている。社会的な差別や偏見のために性別や名前の変更を明らかにできない場合も多いので、大学でも「変更後の性別や名前」での証明書の再発行が求められる。

文科省振興課によれば、法令上、学位記は一回しか発行できない規定はないので、再発行は大学の判断に任せられるという。同省は小・中・高校では戸籍の性別氏名変更後に合わせて卒業証書の再発行を認めているので、小・中・高校を付設する大学が変更を認めなかったら、整合性がとれないだろう。付属校を併設する筑波大学では、通称名使用をすべての書類に認めていて、性別適合手術による性別変更後の卒業証明書の発行についての前例はないが、相談があれば氏名の変更を前向きに検討するとのことだった[16]。また、法政大学では通称名を認めているが、二〇一五年に性別と氏名の変更に関する規定を設け、性同一性障害などで卒業後に戸籍上の性別や名前を変更した学生に対して、必要な書類を整えれば、卒業証明書や成績証明書などを現在の戸籍上の性別や氏名に直して発行することが可能になったという[17]。

学生に関する書類の性別記載の削除

大学の書類の性別記載の有無は、ある大学、ない大学、別欄がある大学など、多様である。成績証明書、卒業証書では性別記載がない大学が多い。こうした状況に鑑みるならば、必要がない書類には性別記載をなくしていくべきだと考える。

性別記載がないことの利点としては、大学在学中に家庭裁判所に申請して改名した場合、改名した名前が卒業証書や成績証明書に記載される。男女を識別できない名前の場合、性別記載がなければ、性別適合手術後に戸籍上の性別を変更しても、変更前の卒業証書や成績証明書が使用できること、また、卒業証書や成績証明書などに通称名が認められている場合、性別記載がなければ、卒業後に手術して戸籍上の性別を変え名前を通称名に変更しても、卒業証明書や成績証明書には性別が記載されていないので再発行しなくてもいいことが挙げられる。

教育職員免許状の通称名や国家資格の戸籍変更後の性別・名前の変更

教育職員免許状に通称名の使用は可能なのだろうか。各地方自治体の教育委員会によって対応が異なる。

対外的な証明書などにも通称名を認めているある大学では、教員免許については事例がないので教育委員会の指示に従うという。同じく対外的な証明書などにも通称名を認めている京都精華大学では、教職免許状取得見込み証明書なども含めた証明書発行の際に、学生に戸籍抄本や住民票などによって同一人物だという証明が別途必要かもしれないと説明をしたうえで証明書を発行するという[18]。立命館大学ではすべての書類に通称名を認めているが、証明書の発行に際して、通称名だけか、戸籍名と通称名を併記するか、学生の希望を聞くという。教職員免許状取得見込み証明書に関しても同様である[19]。京都府教育委員会では、教職免許状申請書類を提出するとき、申請書類にはカッコ欄はないが、申請者が本名とカッコ書きで通称名を併記している場合は、免許状は併記して発行するという。特に本人確認のために戸籍抄本や住民票などの提出は求めていないので、申請者が通称名で申請し署名・捺印していれば、その名前で発行するという[20]。

国家資格を取得したあとに婚姻などで改姓した場合は、結婚前の情報が書かれた資格証明書と、結婚後の情報が書かれた戸籍を両方、提出先に出せばいい。しかし、性同一性障害の場合は、せっかく国家資格を取得しても、性別適合手術をして戸籍上の性別や名前を変更したことを秘密にしたいため、資格が使えないことがある。大学で取得できる資格の種類はさまざまである。不利益が生じないよう戸籍変更後の対応策を検討する必要があるだろう。

教職に関する免許証は、都道府県の教育委員会が交付している。文科省初等中等教育教職員課によれば、教職員免許法第十五条では、氏名や本籍地の変更、破損、紛失などの場合に、再交付が可能だという。また、性同一性障害で戸籍上の性別と名前を変更した場合に、都道府県の教育委員会に申し出れば、変更後の氏名で再交付ができる。しかし、国が所管する資格制度のなかで、戸籍上の氏名を使用すると規定されているものには通称名が使用できないとのことだ。

差別事件を通して考える大学のセクシュアルハラスメント防止対策

二〇一六年、学生が性的指向を同級生に暴露され自殺する事件が起こった。被害学生は大学のセクシュアルハラスメント相談窓口にいっていたが、事態の悪化を防止できなかった。学生の遺族は、加害学生と防止策を講じなかった大学に対して民事訴訟を起こしている。[21]

この事件で注目すべきは、加害者の学生のアウティング（セクシュアリティの暴露）に対して、検事や弁護士などを目指す法科大学院の学生なら当然に習得しておくべき秘密保持義務が守られていなかったことである。大学や大学院での人権教育・職業倫理教育の中身が問われるところである。

また、大学が被害者と加害学生が会わないよう調整を図るなど、適切なセクシュアルハラスメント対応策を講じていたら、このような事態にはならなかったかもしれない。セクハラ被害の学生が安心して学べる環境をどう保障できるのか、大学は第三者による調査などをふまえ改善策を講じるべきだと考える。

この事件は、決してひとごとではない。先進的な取り組みをしていると思われている大学でも、いつ発生するかわからない。学内での偏見・差別がまったく解消されているとは言い切れないからである。

学生による性的指向や性自認に関するセクシュアルハラスメントを防止するためには、全学に向けた人権研修が必要である。大学には教養教育科目のなかに人権に関する科目が設けられている。多様な人権課題があるが、大学としてそれらの科目に性的指向や性自認が非典型の人の人権を含めることが不可欠である。また、大学ではジェンダーやセクシュアリティ、ダイバーシティ（多様性）に関する科目なども設置されている。そうした科目にも性的指向と性自認に関する視点を盛り込んでいくことが求められる。

授業科目に性的指向・性自認が非典型の人に対する理解や支援を促す内容を盛り込む

性的指向や性自認が非典型の人が直面する『困難のリスト』[22]に、「性的指向や性自認に伴う悩みをスクールカウンセラーやスクールソーシャルワーカーに相談したが、知識がないために支援が受けられなかった」「保育園、児童館、学童保育、児童養護施設の職員に、性的指向や性自認に関する知識や意識がなく、養成課程研修で、性的指向や性自認に困難を抱える子どもへの対応や研修などの取り組みがないため適切な対応が受けられなかった」という意見が挙げられている。

これらの問題に対応するために、大学の人権に関する科目、体育・スポーツに関する科目、福祉・看護・心理・医療、司法などに関する科目、教職に関する科目、大学や大学院のスクールカウンセラーやスクールソーシャルワーカー、教員養成カリキュラムのなかにも、性的指向や性自認が非典型である人への理解を深める内容を盛り込むべきである。また、学生の学校や施設での実習に際して、学生の希望を聞き、受け入れ先の施設に配慮を求める対応も必要である。

「性同一性障害」学生への対応とその他の学生への支援

障害者差別解消法の施行によって、大学では障害学生支援の一環として性同一性障害の学生への支援が始まった。健康診断への個別的配慮などは性同一性障害の診断がなくても対応している大学もあるが、病理を前提とした対応なので性自認が非典型である学生への支援が中心であり、性的指向が非典型の学生に対する大学での支援の取り組みは遅れている。

文科省の小・中・高校の「教職員向けパンフレット」[23]では、LGBTへの支援の事例を掲載していて、「医療機関を受診して性同一性障害の診断がなされない場合であっても、児童生徒の悩みや不安に寄り添い支援していく」としている。これらは小・中・高校が対象だが、児童・生徒の継続的な支援の必要性を考えるならば、大学でも同様に、「性同一性障害」と診断された学生だけではなく、診断がつかない学生や性的指向が非典型の学生に対する支援も必要だと考える。

図書館への情報アクセス、性的指向・性自認に関する資材・教材不足への対応

「図書館における障害を理由とする差別の解消の推進に関するガイドライン」(24)では、「障害者は障害者手帳の所持者に限らないとし、心身障害はなくても図書館利用に障害のある人は多数存在する」ため、「図書館利用に何らかの障害のある人すべてを対象」としている。また、その社会的障壁の一例として、戸籍上の性別に違和感をもつ人（性同一性障害を含む）などの例を挙げ、新規登録の申込用紙の「性別記載を削除」か「記入を任意」にするようにしている。これまで、通称名を使用できなかった公立図書館だが、このガイドラインによって通称名での図書館カード作成に応じるところも出現しているそうなので、大学図書館も性別記載の削除や通称名での図書カードの作成をするべきである。

また、性的指向・性自認に関する資材・教材不足の問題に関しては、図書館の運営や選書に関わる教職員の問題意識を高めることで、性的指向・性自認に関する図書が選定されるようになればと思う。

大学でのアライ学生の活動への期待

全国の性的マイノリティの学生サークルで「アクション」型が少ないのは、差別偏見があり、当事者が学内でカミングアウトしてソーシャルアクションを起こすような活動をすることがむずかしいからだと考える。

今日、首都圏などの大学でALLY WEEKなどのイベントが開催されている。アライの学生が増えLGBTに配慮した言動をする人が多くなることで、当事者の学生たちはカミングアウトしやすくなる。また、カミングアウトをしなくても、安心して自分らしく学生生活を送れるようになる。性的指向や性自認が非典型の学生たちがかかえる問題は、当事者だけの問題ではない。性の多様性を無視した社会のありようを当たり前と見なし、それらを支えているマジョリティ側の問題でもある。そうした考え方に立つならば、大学でのアライの存在意義は大きく、当事者の学生との交流によって、大学で性的指向や性自認が非典型である人への理解を広めていこうとする活動に期待する。

自分らしく生きるために、社会人への〝移行段階〟としての学生生活の保障

性的指向や性自認が非典型である人が直面する困難として、「自己肯定できない」「将来のモデルがない」が指摘されている。[25] そこで、大学は社会的障壁を可能な限り取り除くことで、学生たちが自分の将来を切り開いていける経験や自信を培える環境を準備すべきである。

大学時代は、自分が将来何になりたいのか、いろいろなことを試す猶予期間である。性的指向や性自認が非典型の学生は、自分らしくあるために性別移行して生活したり、自分に合った好きな人を見つけて親密な関係を築くなど、自分のセクシュアリティやジェンダーのありようを模索できる貴重な期間である。大学での学びや人間関係を通じて多様な見方や考え方があることを知り、自己を縛る伝統的な価値観や刷り込みから解放されていく。大学時代に、偽りの自己ではなくてありのままの自分として人間関係を形成し、経験を積み上げていくことは自己成長につながる。大学でど

のように過ごすかが、社会人としての将来の歩みを左右する。そうした意味で、大学は性的指向や性自認が非典型の学生たちのために、できる限り社会的障壁を取り除いた環境を提供していくべきだと考える。

おわりに

性的指向と性自認が非典型な学生たちが安心して学べる環境を作ることは大学としての課題である。

筆者は、性的指向や性自認が非典型の学生たちのサークルの世話人をしている。そのサークルで学生たちは自由に楽しそうに話している。そんな学生たちを見ていて感じることは、あるがままの自分でいることができる空間が、サークルのなかだけでなく、大学のキャンパスにも広がってほしいということである。性のありようは個人の人格の一部であり、他者から強制されたり奪われたりするものではない。そして誰もが性差別を受けることがなく、性的平等が保障される権利がある。大学は人権の歴史を切り開く先達として、企業や地域社会に対しても手本になるべき存在である。そうした役割を遂行するためにも、本章で指摘した課題が具体的に検討され実現されることを強く望む。

本章では、性別記載の削除、通称名使用などの課題について多くの紙数を割いた。それは、学生が自分らしく学生生活を送るために必要不可欠なことだが、その取り組みは遅れていて、大学にとって最重要課題だと思うからである。また、地方と都会の大学での相談場所の有無や、国公立、私立、短期大学、女子大学など大学間での支援状況の格差についても指摘した。文科省では全国の小・中・高校に対してＬＧＢＴの児童・生徒のための対応の指針を出しているが、こうした対策が大学でも講じられることで、統一的な取り組みがなされ大学間格差が是正されることを期待する。障害者差別解消法施行によって大学でも性同一性障害の学生への「合理的配慮」が課せられるようになった。法律施行の効力は大である。今後、法整備が課題になっている「ＬＧＢＴ差別解消法」[26]が制定されたら、ＬＧＢＴ学生の差別解消のガイドラインが作成されるなど、その効力は大きいだろう。

今日、多くの学生にとって当たり前とされることが、性的指向や性自認が非典型な学生には保障されていない。大学では、その存在が潜在化し可視化されなくても、存在しているものとして捉え必要な支援対策を備えておくべきだと考える。本章で指摘した課題を検討して、大学での社会的障壁が取り除かれるように法整備と国の施策が前進することにも期待する。

注

（1）河嶋静代『性的マイノリティの学生支援における課題　平成二十六年度ジェンダー問題　調査・研究支援事業報告書』北九州市男女共同参画センター・ムーブ、二〇一五年

（2）電通ダイバーシティ・ラボ「LGBT調査二〇一五」（http://www.dentsu.co.jp/news/release/2015/0423-004032.html）［二〇一七年一月二十日アクセス］

（3）性的指向および性自認等により困難を抱えている当事者等に対する法整備のための全国連合会監修、社会的包摂サポートセンター編集『性自認および性的指向の困難解決に向けた支援マニュアルガイドライン』社会的包摂サポートセンター、二〇一六年、七ページ

（4）「自由権規約（市民的及び政治的権利に関する国際規約）第四十条一（b）に基づく第六回政府報告に関する自由権規約委員会の最終見解」二〇一四年七月二十四日（http://www.mofa.go.jp/mofaj/files/000054774.pdf）［二〇一七年一月二十日アクセス］

（5）「LGBT、自民足踏み」「朝日新聞」二〇一六年十一月二十日付。二〇一六年、法制定に向けて野党は「LBGT差別解消法案」、自民党「理解増進法案」を構想しているが、国会での審議はなされていない。

（6）支援・配慮は国公立学校には義務づけられ、私立学校は努力義務として課せられる。

（7）文部科学省初等中等教育局児童生徒課長通知「性同一性障害に係る児童生徒に対するきめ細かな対応の実施等について」二〇一五年四月三十日（http://www.mext.go.jp/b_menu/houdou/27/04/1357468.htm）［二〇一七年一月二十日アクセス］

（8）文部科学省初等中等教育局児童生徒課「性同一性障害や性的指向・性自認に係る、児童生徒に対するきめ細かな対応等の実施について（教職員向け）」（http://www.mext.go.jp/b_menu/houdou/28/04/__icsFiles/afieldfile/2016/04/01/1369211_01.pdf）［二〇一七年一月二十日アクセス］

（9）LGBT法連合会（性的指向および性自認等により困難を抱えている当事者等に対する法整備のための全国連合会）『性的指向および性自認を理由とするわたしたちが社会で直面する困難のリスト』

第二版、ＬＧＢＴ法連合会、二〇一五年

（10）同書

（11）前掲「性同一性障害や性的指向・性自認に係る、児童生徒に対するきめ細かな対応等の実施について（教職員向け）」

（12）文科省大学振興課によれば、性同一性障害の学生の通称名の使用は各大学の判断に任されているとのこと。

（13）性同一性障害とは、トランスジェンダーのうち医学的基準によって診断を下された人を指す用語。

（14）国際基督教大学、法政大学、立命館大学、京都精華大学、琉球大学法科大学院、東京芸術大学（「東京芸術大学における学生の通称名等使用の取扱い等に関する要項」、二〇一六年制定）、芝浦工業大学（「芝浦工業大学における学生の通称名使用の取扱い等に関する内規」、二〇一六年制定）など成績証明書、卒業証明書などに通称名を認めている大学はいくつかあるが、筑波大学は改称前の戸籍名として位置づけ、使用を認めている。

（15）「性同一性障害巡り、学校の対応例通知　文科省」「日本経済新聞」二〇一五年四月三十日付電子版（http://www.nikkei.com/article/DGXLASDG28HBR_Q5A430C1CR0000/）。記事内容を文科省初等中等教育局児童生徒課で確認すると、本人の依頼があった場合、戸籍上の性別変更後の氏名で卒業証明書の発行が可能とのこと。

（16）筑波大学教育推進部教育推進証明書担当。

（17）法政大学市ヶ谷地区証明書受付・教務システム担当課、戸籍謄本、家庭裁判所の性・氏名の変更についての審判書など。

（18）京都精華大学学生課

(19) 立命館大学広報課
(20) 京都府学校教育課教員免許担当
(21) 「同性愛訴訟　暴露され転落死、両親が一橋大学と同級生提訴」「毎日新聞」二〇一六年八月五日付(http://mainichi.jp/articles/20160806/k00/00m/040/128000c)
(22) 前掲『性的指向および性自認を理由とするわたしたちが社会で直面する困難のリスト』
(23) 前掲「性同一性障害や性的指向・性自認に係る、児童生徒に対するきめ細かな対応等の実施について（教職員向け）」
(24) 日本図書館協会「図書館における障害を理由とする差別の解消の推進に関するガイドライン」二〇一六年三月十八日（http://www.jla.or.jp/portals/0/html/lsh/sabekai_guideline.pdf）［二〇一七年一月二十日アクセス］
(25) 前掲『性的指向および性自認を理由とするわたしたちが社会で直面する困難のリスト』
(26) 「ＬＧＢＴ差別解消法案を衆院に提出」「民進党ニュース」二〇一六年五月二十七日付（https://www.minshin.or.jp/article/109178）。法案では、学校などでの差別の解消・ハラスメントの防止に関する学校長などの必要な措置を定めている。

コラム2　性的マイノリティ問題への取り組み

——国際基督教大学での実践からみえてきたこと

田中かず子

はじめに

国際基督教大学（以下、ＩＣＵと略記）は共学の私立大学で、大学院生を加えても在学生が三千人以下という小規模なリベラルアーツ大学である。ＩＣＵというローカルな事例がどれほど参考になるかわからないが、非常に具体的な実践の検討から、共有できる取り組みの視点をなにがしか引き出すことができればと考えて、これまでの経緯をまとめてみる。ＩＣＵが性的マイノリティ問題に取り組み始めてから二十年近く経過したが、振り返ってみると厳然と立ちはだかる大きな壁が見えてくるようだ。次の段階に臨むために、これまでの対応を批判的に考察してみたい。

ＩＣＵの取り組み

ＩＣＵの取り組みを概観すると、人権問題として位置づけたこと、ジェンダー研究センターが活動の拠点を担ってきたことが、大きな特徴として挙げられるだろう。

・人権問題としての位置づけ

ＩＣＵでは、一九九八年に「セクシュアル・ハラスメント等人権侵害対策綱領」を作成し、この「綱領」に「性的指向」を差別禁止の事由の一つとして記載した。しかし、性的マイノリティ問題を、当初から人権問題として位置づけようとしていたわけではなかった。その背景を、少し詳しくみていきたい。

一九九〇年代は、セクシュアルハラスメントの問題が大きな社会問題として取り上げられ、私たちは大学に基本方針を作るように求めていった。当時、セクシュアルハラスメントという言葉に、行政部はかなりの抵抗感があったようだ。交渉していく過程で、人権問題という枠組みで取り扱う方向にシフトしていった。ＩＣＵには「世界人権宣言」を重視する大学だという自負があり、セクシュアルハラスメント対策というより、人権侵害への対応策として綱領を作成することで合意していった(1)。

「綱領案」作成の段階で、「性的指向」も差別禁止事由の一つとして明示することを提案したが、この件に関してはまったく問題にされることもなくすんなりと了承された。ここで、セクシュアリティに関する言葉が大学の公文書に初めて明記されることになった。

この綱領にもとづき、人権相談員と人権委員会を中心にした人権委員会制度が整えられていくことになる。

人権侵害対策の「綱領」に「性的指向」が明記されたことは、すぐに効力を発揮することになった。性同一性障害の学生が直面している困難も人権侵害の問題とみなされ、学籍簿の氏名・性別を変更することが可能になったのだ。

二〇〇二年に、受講生だった学生Iさんから、性同一性障害のため多くの困難があるが、特に大学に来ると「お前は女だ」と常に突き付けられ、男性として作り上げている人間関係をずたずたにされるのがいちばん苦しいと訴えられた。大学の仕組みが、学生の人格権、幸福追求権を侵害しているのだ。そこで彼の要望を聞きながら、人権問題として取り上げて対応するよう人権委員会に求めていった。

当時、大学は戸籍主義をとっていて、それを逸脱することには躊躇があった。しかし当時の文部省に問い合わせたところ、大学で独自に判断するようにという返答を得た。そこで二〇〇三年秋に、所定の手続きを経て、学籍簿の氏名・性別の変更を可能とする仕組みを作ったのだ。変更手続きには精神科医の診断書が必要であり、変更は一度だけで、卒業後問題が起きても大学が発行する変更承認書をもって各自が対応することなどの要件を受け入れることが条件だった。そして最初の申請者であるIさんは、望む名前と性別で四年生最後の学期を過ごして卒業していったのである。

大学はこれを機にすべての書類を洗い直し、不必要な性別欄を削除することにした。その後、性別を削除したことで何らかの混乱が起きたという話は聞いていない。

・活動を支援するジェンダー研究センター
ICUで二十一世紀の大学のカリキュラムをどうするかという課題が浮上したとき、ジェンダー研究も柱の一つとして取り上げられた。早速、諮問委員会が立ち上げられ、提出された答申では、ジェンダー研究のカリキュラムは可能だが、ジェンダー研究推進のための組織を新設することが一つの条件とされた。このような背景があって、ジェンダー研究センター（Center for Gender Studies. ＣＧＳ）が、二〇〇四年に七番目の研究所として開設されることになった。

いわゆる研究所とは研究者の支援を主な目的としているが、ＣＧＳはジェンダー・セクシュアリティに関心がある学内外の人たちに開かれたコミュニケーションスペース、として始動することになる。ＣＧＳの最も重要な特色は、その中心に性的マイノリティ学生を位置づけたことだろう。性的マイノリティの学生「も」いるというのではなく、性的マイノリティの学生「が」当たり前に存在するセンターとして、ＣＧＳは設立当初から性的マイノリティ問題に真正面から取り組んできたのである。

・ジェンダー・セクシュアリティ研究プログラム（二〇〇五年開講）支援

大学教育の観点からみると、ＣＧＳの設立はジェンダー研究のカリキュラムを支援することが第一義的目的だった。兼担教員だけで構成される学際的プログラムが個人的な熱意や努力に依存していたため、その教員がいなくなるとプログラムの存続が困難になるという事例を何度となく見てきた。学際的プログラムを継続的に発展させるには、個人に依存するのではなく、プログラムの経験知を積み上げていく組織的な支援が必要なのだ。

ＩＣＵはリベラルアーツ大学であるために専門領域間の壁が低く、学際的アプローチは積極的に推奨されてきた。人的リソースのめどがついていたので、ジェンダー・セクシュアリティ研究プログラムの開講はそれほど困難ではなかった。これで研究センターとカリキュラムがスクラムを組んで、セクシュアリティ問題をキャンパスで可視化していく体制がまがりなりにも整うことになる。

・性的マイノリティ学生の活動を支援

大学で性的マイノリティ問題に取り組むとき、当事者学生がフルに活動できる環境づくりが重要になる。CGSは、性的マイノリティの学生たちが顔の見える関係をもち、自主的に活動できる場を提供してきた。たとえば、LGBTの学生の人権を考える学生サークルとして二〇〇五年に「シンポシオン」が創設され、そのメンバーが学内外で活動の場を広げていった。シンポシオンの活動で特記すべきは、〇七年に大学に対して、LBGITを尊重するキャンパスづくりを要求する「要望書」を提出したことだろう。当事者の学生たちが時間をかけて話し合い、「教職員の意識から、トイレ・更衣室といった施設にいたる、広範囲にわたる改革のアイディア[2]」をまとめたのだ。

そのほかにも、CGSは学生たちがジェンダー・セクシュアリティについて話ができるさまざまな居場所づくりを手がけて支援している。安心安全な場を作るために必須となるグランドルールを丁寧に作り続けていることも特筆しておきたい。

・個々の部署での個別対応を可視化させ、つなげる

大学のいろいろな部署では、これまでも困難をかかえた学生に対して個別に対応してきている。しかし、個別対応であるため全体像がみえず、学生は口コミで情報を収集するにとどまっていた。特に性的マイノリティの学生たちは、毎回自分の困難についてはじめから説明することを余儀なくされていた。

そこでまずはトランスジェンダーの学生のニーズに応えようと、関係者に取材して情報をまとめたのが、「LGBT学生生活ガイド in ICU――トランスジェンダー／GID編[3]」（二〇一二年）である。これによって教職員も学生も、はじめて各部署での個別対応の状況を網羅的に把握することができるようになった。しかし特例として対応してきた部署にとって、制度として対応を要請されることには抵抗があったのも事実である。しかし、性的マイノリティ学生のニーズを考えると、個別対応の情報は学内でオープンにし、全学で対応を考えていく必要があるだろう。

・二〇一三年に「ジェンダー・セクシュアリティ特別相談窓口」を設置

深刻な悩みをかかえている性的マイノリティ学生からの相談が増え、CGSだけでは対応できない危機的状況に陥った。そこでジェンダー・セクシュアリティの専門的知識をもつ臨床心理士の手配を緊急で要請し、人権相談員の特別アドヴァイザーというポストを新設して、特別相談窓口を設置した。CGS助手へのスーパーバイザーの手当てが急務であり、全学的に部署

間を連携するネットワークの構築も期待されている。

これまでの取り組みを振り返ってみると、そのときどきに当事者の存在が大きかったことがわかる。当事者のニーズを掘り起こし、困難を解決するために当事者を支援して救済していく仕組みを作っていった。その過程で、性的マイノリティの学生が依拠できる「場」として、CGSは機能してきたといえるだろう。

・ICUでの経験からみえてきたこと

当事者のニーズと要望に応えて問題提起をし、マイノリティの人たちを「救済」「支援」する視点は、実はかなり限定的だったのではないかと気づかされている。どのように限定的なのか、今後に向けて批判的に考察したい。

まず、セクシュアルハラスメント防止対策に限定することなく、人権問題として性的マイノリティの問題を位置づけることができたことは、実に幸運だったといえる。近年、国連も性的指向と性自認をめぐる問題を人権として明確に位置づけている。[4] 当時、ICUで人権委員会制度が定着していけば、性的マイノリティが直面しているさまざまな問題が解決し、キャンパスの環境は改善できると楽観視していた。たしかに、見事に解決した模範的なケースもあったが、概して人権委員会制度は性的マイノリティにとって使いやすい制度になっていないことが次第に明らかになった。なぜ、人権委員会制度が機能していないのだろうか。

・マイノリティが声を上げることの困難さ

ホモフォビック、トランスフォビックな社会で声を奪われてきた人たちが、声をあげることはとてもむずかしく、リスクがあまりに大きい。性的マイノリティであることがばれてしまうのではないかとＣＧＳに来ることさえできない学生も多く、アウティング（セクシュアリティの暴露）への恐怖は大きい。さらに人権侵害の申し立てがあってはじめて審議し、人権侵害と認められれば救済するというアプローチでは、申し立てがないかぎり人権侵害は起きていないことになる。申し立てがないからといって、人権侵害がないということではない。また人権侵害かどうかの判断はマジョリティの規範が基準になり、マジョリティに理解できれば受け入れるが、理解できなければ人権侵害はないと見なすことになるのではないかという問題もある。

・新しい制度が内包している排除の構造

学籍簿の氏名・性別の変更が可能になり、また不必要な性別欄が削除されたことで、性別に違和感がある学生は生きやすくなったのは確かだ。しかしこの制度変更でも、人は男か女だという主流の価値観は少しも揺らぐことなく存続している。性自認が明確であり、希望する性別でパスする人は社会で受け入れられるが、そうではないとはじかれる。性自認が揺れる学生は、いまの制度から排除されたままである。このようにトランスジェンダーの当事者たちを分断することで、主流の社会構造は現状を維持し、強化されている。

・マジョリティの問題という問いの立て方へ

マイノリティによる人権侵害事案の申し立てがなくても、すでにホモフォビア、トランスフォビアという主流の価値観がマイノリティを作り出しているのだから、この問題はマイノリティの問題ではなく、マジョリティの問題なのだ。

近年LGBTに代わって、性的指向（Sexual Orientation）と性自認（Gender Identity）を組み合わせたSOGIが使われるようになってきた。これによってすべての人が当事者となる問いを立てることができるのではないか。ジェンダー、セクシュアリティの問題は、マイノリティだけの問題ではなく、マジョリティも自分たちの問題として向き合う必要がある。

さらに、性的指向や性自認を問わずに、「女」を語り、女性差別を論じることは、実は非異性愛、トランスジェンダーを排除して、ヘテロシスジェンダーを前提として論じているということだ。しかし、否定しようとしまいと、性的マイノリティの人たちはもうすでにこの社会に存在しているのだ。この事実からしか、始まらないのではないか。

女子大でトランスジェンダーをどう扱うのか、アメリカで大きな問題になっていると聞く。これもまた、「女」とは誰なのかを、いま一度問う必要に迫られているということではないか。誰を受け入れ誰を排除するのか、どこに線引きをするのが正しいのかをどんなに議論しても、その境界線を引くことで新たな排除を内包することになる。男女二元論の枠を超えた流動的で多様なジェンダーのありようは、当然認められるべき人権なのだ。性差別的な社会構造に抗っていくことをミッションとする女子大学が、ジェンダーの流動性と多様性を認めながら、トランスジェンダー問題にどう取り組むのか、女子大学だからこそチャレンジできる、とてもホットなイシューだと思う。

おわりに

すべての人に与えられている基本的人権を、性自認や性的指向をめぐる差別によって人権侵害を受けている人々に認めることは当然であり、少しも特別なことではないはずだ。

性的マイノリティに対する人権侵害を「救済」してマイノリティを「支援」するための制度を導入するといっても、実は既存のシステムをほんの少し修正して対応したにすぎない。人とは男か女であり、人は異性に引かれるという男女二元論にのっとった異性愛規範は、一部の性的マイノリティの人たちを救済することで、さらに盤石になる。主流に受け入れられた人たちの人権は考慮するけど、そこからはみ出す人の人権は却下するという、新たな線引きをするだけだ。主流の規範からはずれるマイノリティを、マジョリティは「痛みを感じることなく」排除できる。いまここで困難に直面している人たちを救済する支援制度は必要だけど、そこにとどまらずマジョリティの特権構造にメスを入れていく必要がありそうだ。そしてこれは、マイノリティの問題ではなく、ヘテロシスジェンダーのマジョリティが責任をとるべき問題である。ここにいかに踏み込んでいくのかが、これから問われることになるのだろう。

二〇一六年、ＣＧＳは「やれることリスト 108 at University」[5]を作成した。これは、法改正を待たなくても大学が独自の判断でできることをリストアップしたものである。前述の批判的な考察をもとに、このリストを今後バージョンアップしていきたいと考えている。

注

(1) 当初セクシュアルハラスメントという言葉は人権侵害に包摂されるので、タイトルに入れる必要はないという意見もあったが、当時この言葉は一般的に理解されていなかったので、人権侵害のなかに含めると埋没してしまうおそれがあった。そのため、タイトルに明記することを死守した経緯がある。二〇〇五年に「綱領」は法的な整合性をもつ「規程」に昇格したが、いまではセクシュアルハラスメントという言葉はタイトルから削除されている。

(2) 反町絵里「「多様性」は意識から：シンポジオン要望書提出」(「CGSニューズレター」第九号、国際基督教大学ジェンダー研究センター〔CGS〕、二〇〇八年)を参照。

(3) 二〇一五年十月までに八回の改訂版が出されている。

(4) 国連人権高等弁務官事務所『みんなのためのLGBTI人権宣言――人は生まれながらにして自由で平等』山下梓訳、合同出版、二〇一六年。「世界人権宣言」(一九四八年)第一条「すべての人間は生まれながらにして自由であり、かつ尊厳と権利について平等である」

(5) 国際基督教大学ジェンダー研究センター(CGS)「やれることリスト 108 at University」(http://web.icu.ac.jp/cgs/docs/GSCL02_108ThingsUniversity_v1.pdf)を参照。

第8章
トランスジェンダーの学生受け入れとアメリカの名門女子大学
――もう一つの「共学」論争後のアドミッションポリシー

髙橋裕子

はじめに

二〇一三年九月から一四年三月にかけて、アメリカ合衆国（以下、アメリカと表記）のウェルズリー大学にフルブライト客員研究員として滞在した。二十一世紀のアメリカで卓越する女子大学であるセブンシスターズ[(1)]の現在の躍進の理由と歴史的展開を調査することが主な目的だった。十九世紀末に創設された女子大学の多くが一九六〇年代以降共学化されていくなかで、二十一世紀に躍進している女子大学はどのようなミッションを掲げ、どのような模範的な教育実践を展開しているのか、その戦略を七カ月間の参与型調査で捉えたいと考えた。また、七つの大学のうち、女子大学を維持した大学（バーナード、ブリンマー、マウントホリヨーク、スミス、ウェルズリー）に焦点を当てて、女子大学維持の理由を吟味することを試みた。

そのなかで注目していたのは“Women in Public Service Project（WPSP）”というこれら五女子大学と当時の国務長官ヒラリー・クリントンが、二〇一一年に立ち上げたプロジェクトだった。二〇五〇年までにパブリックサービスの分野での女性の割合を世界で五〇％にしようという目標を掲げていた。女子大学という高等教育機関がどのようにして女性の社会参画を世界の女性たちにはたらきかけるのか、またその際に国務省はどのような役割を果たすのかなどに関心を抱いていた。筆者が所属する津田塾大学は本プロジェクトの連携機関でもある。帰国後の一四年夏には、WPSPが主催した中国・北京にある女子大学・中華女子学院での学部学生対象のリーダーシップ養成プログラムにも参加の機会があった。

　これらの調査の機会を得て、二十一世紀の女子大学の特筆すべき戦略は、女性に特化したリーダーシップ育成とその独自性にあると察知した。ウェルズリー大学は、アメリカで初の女性国務長官であるマデレーン・オルブライトにちなんだオルブライト・インスティチュート[2]などを設立し、問題解決型の学外学修やインターンシップを取り入れた少数精鋭のプログラムを展開し、とりわけ国際的な分野に女性を輩出することに尽力している。実際、オルブライトの講演会などに参加して本インスティチュートへの見聞を広めた。そのような経緯で出合ったのが、トランスジェンダーの学生の入学受け入れの問題だった。この問題は、まさに女子大学の存在意義とリーダーシップ育成の問題が交差する領域で、身体とアイデンティティの観点から女子大学としてどこで線引きをするのかという判断が要求される、きわめて論争的な課題でもあった。

　本章の目的は、セブンシスターズの五つの名門女子大学が女子大学としての大学アイデンティティを重視しながらも、もはや「女性」という「性別」をこれまでどおり、性別二元論的に捉えることができなくなってきた現状を紹介することにある。さらに、とりわけ誰に出願資格があるのかを決定する判断の背景にある、女子大学自体の大学アイデンティティの問題を考察したい。この問題は、いわば二十一世紀に女子大学が直面しているもう一つの「共学」論争ともいえるからだ。二十世紀後半に経験した「共学」論争との違いはどこにあるのか、その点にも留意しながら、性別二元論が女子大学の入学資格というきわめて現実的な問題として揺らぎをみせていることとともに、アメリカでの今日の女子大学の特色をあぶり出すことを試みる。その際に、ジェンダーアイデンティティの多様性に着目しながら、「性別」というカテゴリーを相対化する視点を提供することを目指したい。

1 「ニューヨークタイムズ」紙に報道された「男女共学論争」

一九七一年四月十七日付の「ニューヨークタイムズ」紙に男女共学をめぐって掲載された記事がある。このケースは、「ウェルズリーの理事会、男性に学位を出す計画を拒否（“Wellesley Trustees Reject a Plan for Men's Degrees”）」と見出しを打ち、「大学の将来を検討する委員会（“Commission on the Future of the College”）」が二十二カ月間の調査にもとづいた報告書（定員数を千七百五十人から二千人へ増加させ、五百人の男子学生、うち半分が学位取得目的、その他は単位互換目的、少なくとも五〇％の女性教員比率の維持、さらに上位意思決定のポストの半分は女性にという条件下で共学化を推奨）を提出したものの、理事会が男子学生に学位を授与するという当該委員会の判断を覆したと大きく報じた。

この調査報告書については、詳細がウェルズリー大学の古文書館に保存してあり、筆者はその検討過程をつぶさに追った。当時、共学の環境がより「自然」だという認識を相対的に若い世代の教員がもっていて、教授会と理事会のビジョンには見解の相違があったことが見て取れた。あわせて、ボストンという地の利や周辺にあるハーバード大学、ダートマス大学、そしてマサチューセッツ工科大学などの共学大学との連携も模索されていた。マイノリティの教員や学生の意見も聞かれはしたが、彼女／彼らたちの意向は周縁に位置づけられていたことも調査のプロセスで垣間見えた。ちなみに、二〇一六年七月には、ウェルズリー大学開校以来、最初のアフリカ系アメリカ人女性が学長に就任した。

このような古文書館での調査をおこなっているときに、ウェルズリー大学では学生を称して、she や sisters を使用することが、「ポリティカリー・コレクト（政治的・社会的に公正）」ではないことを教員や学生から耳にするようになった。実際、学内の教職員や女性から男性に性別を変更した在学中のトランスメンの学生にもインタビューすることができたのだが、二〇一四年という年は大学執行部がいよいよ新たなアドミッションポリシーを文書化しなければならない状況にあったことが振り返ってみて明らかになった。

2　「ニューヨークタイムズ」紙に報道された「入学許可論争」

筆者の帰国後、二〇一四年五月二十四日付の「ニューヨークタイムズ」紙に「女子大学は誰のため？（“Who Are Women's Colleges For?”）」という記事が掲載された。本記事は、一九七二年に制定された教育機関での性差別を禁じた法・タイトルIX によって、トランスジェンダーの学生が差別から守られなければならないと一四年四月二十九日に教育省によって発表されたことも含めて報道し、一三年にスミス大学から出願を拒否された当時のトランスジェンダーの高校生カライオピー・ウォン（Calliope Wong）の事例(3)や、バーナード大学がトランスジェンダーの学生の無料法律相談を提供するプロジェクトを開始したり、トランスジェンダーの作家を招聘したりした事例を紹介しながら、女子大学はトランスジェンダーの学生を受け入れるべきだと主張した。

さらに、二〇一四年十月十五日にウェルズリー大学のトランスジェンダーの学生にまつわる記事が「ウェルズリーで女性が男性になるとき（"When Women Become Men at Wellesley"）」と題して「ニューヨークタイムズ・マガジン」誌に大きく取り上げられた。トランスジェンダーの複数の学生や女子大学としてのあり方をさまざまに求める声を紹介したこの記事は、トランスジェンダーのとりわけトランスメン（出生時に女性とされたが、男性と自認している人）の学生と、女性を中心に据える女子大学の伝統やポリシーとの相克する複雑な関係性を描いている。インタビュー記事には筆者がインタビューした学生の声も引用されていた。

女子大学は、もとよりアカデミアという空間から女性が排除されていたので、女性にも男性と同等の学問の機会を提供するというミッションのもとに創設された。女性がアイビーリーグの大学にも受け入れられるようになった二十世紀後半に、高等教育機関の共学化は進展したものの、女性を真剣に教育する場として、あるいは女性を心から歓迎し、女性の積極的な社会での活躍を真に期待する場としての教育の空間やコミュニティーの重要性が指摘された。同時に、女子大学の空間のなかでは「ボストンマリッジ」という女性同士がパートナーになる関係性が十九世紀から認められ、きわめて当然のこととして受け入れられてきた。しかし二十世紀に入って性科学の興隆によって、女性同士で交換されたロマンティックな書簡や日記を「ボストンマリッジ」の当事者が燃やしたりする事態になったともいわれている。ウェルズリー大学の大学史を読むと、女性同士の関係性が「自然」なこととしてキャンパスのなかで認められていたことが記載されている。(4)

二十一世紀に入って以降は、トランスジェンダーの学生の入学をめぐって論争が起きるようになった。入学する際に自分自身を女性だと申告した学生が入学後に男性という性別を選び取るケースが出てくるようになったからだ。とりわけトランスジェンダー、あるいはどちらの性別も選び取らないジェンダー・ノンコンフォーミングと呼ばれるセクシュアルマイノリティの学生を包摂するのか排除するのかという議論が浮上し、一九七〇年前後に起きた「男女共学論争」とはまったく別の角度から「男子」学生を包摂するのか否かという線引きの問題に直面することになった。

女子大学では女性が十全にリーダーシップを発揮できる安全なスペースとしてその価値が強調されていたのだが、女性から男性に性別を変更したトランスメンの学生がリーダーになったらどうするのか、しかもすでにアメリカ社会全体で圧倒的に優位な立場にある「白人男性」が女子大学でリーダーになれば、女子大学として謳ってきた女性のリーダーシップ教育の存在意義はどうなるのか、といったことが問われることになった。

3　ウェルズリー大学とバーナード大学での調査から

学生

ウェルズリー大学に滞在中、「ニューヨークタイムズ・マガジン」誌にインタビューされているトランスメンの学生に筆者も話を聞くことができた。筆者が出会ったトランスメンのこの学生は、高校時代、女子大学だけに出願したと語っていた。その理由を聞くと、性的に周縁化された学生にとって、女子大学は「安全な空間（safe place）」だということ、さらに、クラスルームの内外で常にジェンダーに関連する課題が中心に据えられている教育機関であることを真っ先に挙げた。すなわち女子大学ほど自分自身が快適で安心感を得られた場所はなかったという。だからこそ、女性から性別を変更しトランスメンになる強さを得られたと語った。彼は、女子大学は女性のためのスペースだということは第一義としてあると認めたうえで、だからこそ寮のなかでの会合などで彼が入らない空間が求められるのは理解できるという。矛盾するようだが、女性だけの空間をもつのはとても重要なことだとも述べた。しかし、トランスジェンダーの学生にとって何より「安全な空間」だということ、最先端のジェンダー研究がクラスルームの内外で豊かに展開されている優れた教育機関だということ、そのようなコミュニティーで育まれることを大切にしたいという思いからウェルズリー大学を選択したと語っていた。

大学教職員

ウェルズリー大学とバーナード大学のアドミッションオフィスなどで働く大学教職員から話を聞く機会を得た。たとえば、学生募集の際に、ウェルズリー大学を「女子大学」という言葉で名指すかどうかが、その言葉に抵抗感をもつトランスジェンダーの卒業生と、他方で女子大学とアピールすることが大学のブランディングとして重要と考える大学教職員との間で意見が対立したというエピソードを聞いた。ウェルズリー大学が「女子大学」として知られているからこそ、同窓会報の受け取りを拒否するトランスジェンダーの卒業生もいるという。

先にスミス大学で男性から女性になったトランスウーマンの学生の出願許可をめぐって論争があったことを紹介したが、大学は学生が出願してくる際に政府の関連機関が発行した出生証明書、運転免許、パスポートなどの身分証明書を用いて性別の確認をするわけではない。基本的には出願者本人が出願書類を送信する時点で「女性」を選んでいれば、女子大学への入学願書は通過するシステムになっているという。スミス大学でのケースは連邦政府の申請書類の男性欄にチェックマークが入っていたため、入学願書に記載された性別との齟齬が判明し、選考から除外されることになった。

二〇一三年後半から一四年のはじめにおこなった前記の大学教職員との懇談から、五女子大学でアドミッションポリシーを含むこのような事項について意見交換をおこなっているという情報を得たが、すみやかに対応が求められる必須の検討課題だという認識が両大学の大学教職員に共有されていた。トランスジェンダーの学生については、アドミッションポリシーが文書化される直前だったことも、その後に各大学の公式ウェブサイトに公表された情報から明らかになった。

4　五女子大学が公表したトランスジェンダーの学生をめぐるアドミッションポリシー

マウントホリヨーク大学

二〇一四年から一五年にかけて、トランスジェンダーの学生の入学資格についての方針が五女子大学のウェブサイトで次々に公表された。マウントホリヨーク大学がセブンシスターズとしては最初にトランスウーマン（出生時に男性とされたが、女性と自認している人）やノンバイナリー（男女どちらかの性別を選んでいない）の学生を明示的に出願資格があると公表した。[5]一四年八月の新学年度開始時の集会（Convocation）で、リン・パスケレラ学長は、夏休み中にトランスジェンダーの学生の入学許可について検討したことにスピーチで言及し、女性もしくは女性だと自認する学生に対して出願資格を認める決定をした旨を語った。そのなかで、十九世紀の奴隷制下におかれ奴隷解放活動家として活躍したアフリカ系女性のソジャーナ・トゥルースの「それでも私を女ではないというのか？」という言葉を引用し、「女であることの意味は固定的なものではなく、身体の機能で女であるかどうかを判断することはできない」とし、これまでもそのような捉え方が女性の抑圧につながっていたことを示唆した。

マウントホリヨーク大学のウェブサイトでは「トランスジェンダーの学生のアドミッション」について、詳しく説明している。その冒頭で、「マウントホリヨーク大学は、女性または女性と自認する、能力ある学生の学部プログラムへの出願を歓迎する」と明言し、十の「よくある質問（FAQ）」を列記している。他の大学ではここまで詳細に記載していないので、そのなかから注目すべき点を抽出して紹介しておこう。最初の質問と回答は以下のとおりである。

1、マウントホリヨーク大学はいまでも女子大学なのか。

はい。マウントホリヨークは女子大学としての歴史的使命にコミットし続けている。これまでの性別二元論は、性自認が身体の性と一致しない人々によって揺るがされることになった。

これらの課題を提起した人々は、男女という二元的なカテゴリー化は政治的・社会的イデオロギーと結び付いていると認識した。女性であることを生物学的な機能に還元して捉えることが女性の抑圧の基盤だったと、ちょうど初期のフェミニストが主張したように、私たちはジェンダーアイデンティティを身体に還元できるものではないと理解しなければならないのだ。むしろ、アイデンティティを個人がおかれている外的な文脈に関連させて捉えなければならない。このポジショナリティこそ生物学的な女性そしてトランスウーマンが共有していることである。女子大学が女性のコミュニティーのなかで生活し、学び、成長したいと望む人々に扉を開く際に、このポジショナリティこそ現代的な意味をもつ要素である。

さらに、女子大学として「女性」を受け入れる際の有資格者の定義についての質問には、以下のように回答している。

・生物学的に女性に生まれ、女性と自認している。
・生物学的に女性に生まれ、男性と自認している。
・生物学的に女性に生まれ、その他（other/they/ze）と自認している。
・生物学的に女性に生まれ、女性とも男性とも自認していない。
・生物学的に男性に生まれ、女性と自認している。
・生物学的に男性に生まれ、その他（other/they/ze）と自認し、そしてその他（other/they）のアイデンティティが女性を含むと自認している。
・インターセックス（性分化疾患）に生まれ、女性と自認している。

以上の人たちには出願資格がある。出願資格がないのは、「生物学的に男性に生まれ、男性と自認している」人だと明快に記した。

また、本ポリシーの決定プロセスについても明らかにし、何年にもわたって、大学執行部、教員、学生たちの間で継続的な議論があったことにもふれ、さらに、「ジェンダー・インクルージョン・タスクフォース」を結成し、二〇一四年夏には集中して教職員、学生、同窓会、理事会と議論を重ねたうえで合意にいたったことを紹介している。トランスジェンダーの学生であるかどうかについてはあくまで自己申告制であることも追記し、トランスジェンダーの学生も女性と同じ基準で入学の判定をすること、また、教育機関での性差別を禁じた法・タイトルⅨにもとづいて、トランスジェンダーの女性がハラスメントなどから守られる点についても明記している。入学後に性別を変更（トランジション）することを決定した学生には、本人の了承にもとづいて、積極的に支援することを、卒業証書や学籍の名前の変更や人称代名詞への配慮などを例に挙げて明言している。

ブリンマー大学

ブリンマー大学は、二〇一五年二月九日に大学の公式ウェブサイトにアーリーン・ギブソン理事長からの手紙という形式でトランスジェンダー、ノンバイナリー（男女どちらかの性別を選んでいない）、ジェンダー・ノンコンフォーミング（どちらの性別も選び取らない）の学生の出願資格について、方針を文書で明示した。(6) そのなかで、「二〇一四年九月に理事会のワーキンググループが結成され、トランスジェンダーやノンバイナリー、ジェンダー・ノンコンフォーミングの志願者に関連して大学のミッションを吟味した結果、ワーキンググループの提案を理事会が審議了承した」とブリンマー大学の関係者に発表した。

まず、ワーキンググループが全員一致で合意したことは、ある意味これまでどおり、「大学のミッションとして学部レベルの教育は将来の女性リーダーを育成すること」、すなわち「ブリンマー大学は女子大学としてのアイデンティティを重視し、女性を中心に据え、エクセレンスを当然のこととして期待し、女性がリーダーシップをとる地位に就く。ブリンマー大学コミュニティーの個々人のアイデンティティをめぐるダイバーシティを尊重しながらも、女子大学（たとえば、女性に特化した言語の使用）としての大学アイデンティティを維持していくこともワーキンググループは推奨した」と明らかにした。

具体的にいえば、「出願資格がある者として、誕生時から女性だった人々に加え、出願時に自分自身を女性と自認して女性として生きているトランスウーマンやインターセックスの人々と、男性と自認していないインターセックスの人々は有資格だが、誕生時に女性とされたが、男性と自認し、性別変更のために手術や法的な措置をとっている人々は出願資格を認めない。しかしながら、いったんブリンマー大学に入学をしたならば、在学中にジェンダーアイデンティティがどのように変化しようとも大学としては学生への支援を継続していく」。

以上がブリンマー大学のアドミッションポリシーである。ブリンマー大学とマウントホリヨーク大学との決定的な違いは、誕生時に女性という性別を指定されたとしても男性と自認している人々をブリンマー大学は排除しているが、マウントホリヨーク大学は包摂すると判断している点である。

ウェルズリー大学

ウェルズリー大学の場合にも、理事長名と学長名で出された「ミッションの再確認とジェンダーポリシーの発表」と題された文書で、まずは女子大学としてのウェルズリー大学のミッションを再確認している。あらゆる教育プログラムが女性のために計画されたものであり、女性の成長と繁栄に資することが前提とされていると明示し、ウェルズリー大学はこれからも「女性として生活し、常に女性と自認している志願者を入学の対象に審査していく」としている。大学としては女子大学やシスターフッドといった女性を示す言語を用い、女性の人称代名詞を使用することを明言する一方で、在学中に女性から性自認を変更する学生にもさまざまな選択をするうえで支援を提供することを約束している。

「女性として生活し、常に女性と自認している志願者」で、学業で厳しい訓練を受けて潜在的な能力を最大限まで伸ばしたいと思っている「女性」を歓迎したいと明確に述べた。したがって、誕生時に女性という性別を与えられていたとしても、出願時に男性というアイデンティティをもっている人、すなわちトランスメンには出願資格はなしとした。他方で出生時に男性という性別を与えられていたとしても女性と自認している人は出願資格を有する。さらに、誕生時に女性という性別を与えられて、ノンバイナリーと自認している人についても、出生時に女性であり、女性のコミュニティーに帰属する意思をもっていれば出願資格を有するとした。

入学後に性別を変更する場合には、学生が転学する場合でも、あるいはウェルズリー大学に在籍を続ける場合であっても支援することを明言した。二〇一六年度の入学者に対して、このアドミッションポリシーにもとづいて必要なガイドラインなどを整備し実施したことも追記した(7)。

ウェルズリー大学の場合もブリンマー大学と同様で、マウントホリヨーク大学のように出願時にトランスメンを受け入れることはせず、女性というコミュニティーに帰属する意思をもっていることや女性というアイデンティティを保持していることで線引きされている点が重要な指標になっている。

スミス大学

スミス大学も、学長と理事長の両名併記でアドミッションポリシーの発表を二〇一五年五月二日におこなった。(8) そのなかで、「女性のそして女性のための大学である伝統とアイデンティティを維持しながら、スミスは大学としての広報に女性の人称代名詞を含む女性に特化した言語を今後も使用していく」と明言した。また、「スミス大学のミッションは、生涯にわたって顕著な活躍ができるよう前途有望な女性を教育することにある」と述べ、女性のアイデンティティをめぐるコンセプトは創立以来変化したが、スミスの卒業生は多様な分野で活躍し、大志を抱き、自己表現をしていく自由を拡大していくうえで指導的な役割を果たしたとし、「女性が中心に据えられる教育環境は人生を変えるほどの大きな影響を及ぼすことができる」と言って女子大学の意義を強調した。そのうえで、「変わりゆく時代に、どのように女子大学であることを選択するのかあらためて検討が要請されるだろう。(略) われわれが明確にしたアドミッションポリシーは、創立時の使命を堅持しながらも、変化する世界に対応して進化する女子大学を映し出している」という言葉で締めくくっている。

スミス大学も「よくある質問 (FAQ)」のページを作り、さまざまなケースについて回答を示している。ここで再度、スミス大学が女子大学であり続けることを繰り返し、トランスウーマンは出願できる、トランスメンは出願できない、と明言している。スミス大学のポリシーは自己申告制なので、志願者はコモンアプリケーション（共通の願書）で女性を選択する必要がある。ジェンダークィアあるいはジェンダーノンバイナリーは出願する資格があるかという質問に対しては、イエスともノートも回答せず、本学が「女子教育に専心するということは、女性と自認し、女性の教育に専念しているコミュニティーを求める志願者を入学の対象として審査することを意味する」と述べるにとどめ、ノーとは明示していないものの、それに近い回答を寄せた。

しかし、いったん入学してからの性別変更について、学生はフルに支援を受けることを明確にし、トランスメンについても同様だと記した。どのような性別になろうとも卒業必要要件を満たした者はスミス大学の学位を取得することができ、また、スミス大学同窓会（Alumnae Association という女性の複数形を示す単語が用いられていることに注意）にも歓迎される。なお、四度の対話集会を開催して学生、教職員、保護者、支援者だけでなく全世界の卒業生からオンラインで意見を集約し、千八百のコメントを得たこと、本ポリシーの実施は二〇一五年度入学者からということも加筆している。

バーナード大学

バーナード大学は、理事会での決定を受けて二〇一五年六月四日に「バーナードコミュニティーのメンバー」宛という形式でトランスジェンダーの学生をめぐるアドミッションポリシーを大学公式ウェブサイトで発表した。(9) 本発表の冒頭で女子大学としての意義を以下のように明言する。「バーナードのミッションは、一八八九年の創立以来、何世代にもわたる前途有望で優秀な若い女性に、卓越したリベラルアーツ教育を、女性が指導的役割を果たすコミュニティーで提供することだった」。女性に特化した教育が計画され、実施されるユニークな環境が、今日でもさらに重要であることを確認している。

このミッションをふまえ、「女子大学としてのミッション、伝統や価値を推進させ、変化する社会のなかで、ジェンダーアイデンティティの理解のされ方が進化していることを認識し、バーナードは、誕生時に与えられた性別にかかわらず、常に女性として生活し、女性と自認する者を志願者として入学審査の対象とする」とし、「女子大学としてのアイデンティティを反映する、女性に特化した言語を今後とも継続して使用していく」と明言した。また、入学後に性別を変更する学生に対しては、在学を継続する場合も、転学を検討する場合にも、一人ひとり個別に支援していくことを明らかにした。

バーナード大学も一年をかけてトランスジェンダーの学生の受け入れについて検討を重ね、専門家の知見を含めて学生、教職員、卒業生、保護者などの意見を聞き、五回の対話集会をもち、一回のヴァーチャルな対話集会を開催し、オンラインでは九百の回答があったことも紹介している。そして、さまざまな意見があるなかで、次の二点については明快に一致したと述べている。すなわち、「バーナードが女性のための大学であるミッションを再確認しなければならないことは当然のこと」とみんなが同意し、「トランスウーマンに出願資格を認めるべきということについてもほとんど反対意見はなかった」。本ポリシーの実施については、二〇一五年から一年かけて準備をし、一六年の秋の入学者から開始するとした。

「よくある質問（ＦＡＱ）」でも、他の四女子大学と同様の説明が散見される。「常に女性として生活し、女性と自認している」という意味は何かという設問に対して、自己申告制であり、提出書類がその申告と一致していることが求められるが、なんらかの相違がある場合にはアドミッションカウンセラーに相談するか、提出するエッセーに記載してほしい、と回答している。トランスウーマンは出願資格があるが、トランスメンには出願資格がないというのもブリンマー大学、ウェルズリー大学、スミス大学と同様である。ノンバイナリーまたはジェンダー・ノンコンフォーミングというアイデンティティをもっている人に対しては、イエスともノーとも回答はせず、バーナード大学は「常に女性として生活し、女性と自認している者」を対象としているので、出願書類がこの自己申告を満たしていなければならないと説明するにとどめている。これはブリンマー大学、ウェルズリー大学、スミス大学と同じ説明の様式である。

二〇一四年以降の五女子大学の文書化されたアドミッションポリシーを確認してわかることを整理しておきたい。

第一に、五女子大学とも創設時からの女子大学としてのミッションと特色を重視し、女子大学だという高等教育機関としてのアイデンティティを堅持する方針を、検討のための特別な会議体を設けて、専門家を含む学生、教職員、卒業生、保護者の相当数の意見を聴取し、審議を重ねたうえで、再確認していることである。

第二に、五女子大学とも女性に特化した言語（gendered language）の使用を継続していくことを宣言していることだ。学内に男性というアイデンティティをもつ学生がいたとしても、大学としてのアイデンティティは女子大学であり、シスターフッド、卒業生（alumnae）などといった、女性形の名詞や人称代名詞を使用し続けることを確認している。これは大学で女性が中心に据えられていることと関係が深い。共学大学と類似したキャンパス文化になってしまっては女子大学としてのミッションが果たせない、という判断が背景にある。

第三には、出願の時点で、性別については自己申告制であり、学生自身がもっているアイデンティティを重視していることである。政府機関が発行する身分証明書や出生届のような文書によって性別を決定しない方針に五つの大学とも一致した。ある意味、ジェンダーアイデンティティがそれほど流動的なもの（gender fluid）として広く捉えられていることを示唆している。

第四には、いったん入学した学生に対しては、性別が男性に変更された場合でも、学生のニーズに対応できるよう支援していく方針を明示していることだ。具体的には、卒業要件を満たせば学位は授与するし、また、転学を希望する場合にも必要なガイダンスなどを提供していくという。

五つの大学のなかで、一つの大きな相違点として確認できることは、マウントホリヨーク大学だけが、出願時に男性というアイデンティティをもっていても出生時に女子であれば、出願資格を有すると判断していることだ。すなわち、出願時にトランスメンを包摂するかしないかで、マウントホリヨーク大学だけ包摂、あとの四女子大学は排除と、この点での線引きについての判断がはっきりと分かれた。

5　学生支援という視点

カリフォルニア州オークランドにあるミルズ大学は、アグネススコット大学とともに、トランスジェンダーの学生を最も早くから受け入れてきた女子大学の一つである。ミルズ大学はトランスジェンダーとジェンダー的に流動的な（gender fluid）学生を受け入れるための報告書を公表している[10]。これは二〇一三年に改訂されたもので、「ダイバーシティと社会正義委員会、ジェンダーアイデンティティと表現のサブコミッティ（Gender Identity and Expression Sub-Committee of the Diversity and Social Justice Committee)」が作成した。

この報告書の序章で、女性が歴史的に高等教育から排除されるカテゴリーだったからこそ、排除され周縁化された女性たちに教育の機会を提供する強い願望と情熱をもった教育者たちが女子大学の創設を志したことに、女子大学の源流があったことを示唆しながら、「文化的・経済的・政治的システムで同様に抑圧されているトランスジェンダーとジェンダー的に流動的な人々は高等教育の場でも周縁化されたり十全な参画から排除されたりしている現状がある」と指摘する。「トランスジェンダーとジェンダー的に流動的な人々の教育は、二十一世紀の女子大学に論理的に当然の帰結としてフィットするように思われる」と述べ、「トランスインクルーシブ〔トランス学生を包摂する：引用者注〕という方針は、女性の経験や貢献、リーダーシップを中心に据えることでジェンダーの抑圧に対抗してきたミルズ大学の長い歴史に一致するものである」と強調する。

すなわち、「トランスインクルーシブということは、女子大学としてのミッションを消し去ることではなく、アップデートすることである」とアピールし、トランスジェンダーとジェンダー的に流動的な人々の抑圧は、性のバイナリー、すなわち性別二元論のシステムにそのルーツがあり、このバイナリーのシステムこそ女性蔑視と家父長制に由来するものであるという。だからこそ、ジェンダーに起因するセクシュアルマイノリティの抑圧の問題に先進的に取り組むべきだ、というスタンスを示した。

報告書は、クラスルームだけでなく、寮、トイレ、運動競技などについても具体的な対応方法について詳細に助言している。とりわけ重要なのが、教室内での名前の変更や人称代名詞の扱いである。「当事者が望む名前と人称代名詞がクラス内で使用されるよう配慮が必要である。初回の授業では、呼ばれたい名前や人称代名詞（PGP: Preferred Gender Pronouns の略）を自己紹介などで確認するなどの配慮が各教員に求められる。[11] 通常は三人称複数で使用される、they, their, them, themself を三人称単数形で使用したり、ジェンダーを指示する she/he, her/his, her/him, herself/himself を使うのではなく、ジェンダー中立の人称代名詞（Gender-Neutral Pronouns）として、ze, hir, hir, hirs, hirself を使用することを望む当事者もいる[12]」

アメリカでは、女子大学ばかりでなく共学大学でも学生支援の一環として、セクシュアルマイノリティの学生への支援が提供されていることを受けて、学生支援やリソースのランキングも発表されている。[13] セクシュアルマイノリティへの支援がどれほど充実しているか、どのようなリソースや支援のためのセンターが準備されているのかが学生の大学選びで重要な基準になっていることがわかる。

他方、日本のLGBTの学生支援についてはきわめて乏しい状況であることが報告されている。北九州市立男女共同参画センター・ムーブが、「ジェンダー問題調査・研究支援事業」の一環として「性的マイノリティの学生支援における課題」というテーマで全国の国公私立大学（短期大学も含む）を対象におこなった調査の報告書を二〇一五年三月に発行した。(14) その報告書の「まとめと提言」で、学生からの相談は半数の大学であることが判明し、国立大学では八〇％にものぼっているものの、「大学における性的マイノリティの学生支援の取り組みは非常に遅れている」と結論づけている。(15) 二〇一四年から一五年にかけて展開されたセブンシスターズの女子大学のアドミッションポリシーの動向に鑑みるとき、日本の大学では多様なジェンダーアイデンティティがまだまだ不可視の状態におかれていると感じざるをえない。

おわりに

女子大学は、ジェンダー平等や公正を先導する役割を十九世紀半ばから、女性の高等教育という空間で担ってきた。そのような意味で、社会正義、あるいは人権の問題として、女性の権利や社会的な公正《フェアネス》さの問題を追求してきたといえる。二十一世紀に入ってジェンダーアイデンティティについての認識が多様になり、「女性」というカテゴリーが従前どおりでは捉えられない状況になってきている。トランスジェンダーの学生や、ノンバイナリーあるいはジェンダー・ノンコンフォーミングというアイデンティティを選び取る学生が増えていることは、女子大学が、「常に女性として生活し、女性と自認している人を対象とする」高等教育機関だとあえて明示しなければならなくなったことに反映されている。

あわせて注目したいのは、それにもかかわらず女子大学のミッションが、すなわちその必要性や存在意義がよりいっそう強く再確認されていることだ。女性が社会の、そして世界の多様な分野に参画できる力と自信を身につける場として、女性がセンターに位置づく経験をする女子大学の教育の必要性が、このトランスジェンダーの学生の受け入れをめぐってのディスカッションを通していっそうクリティカルに再確認されたといえる。

大学アイデンティティとして、「女子大学」だと女性に特化した言語（gendered language）を用いてこれからも名乗っていくことを、十九世紀後半の大学創設の歴史的経緯と二十一世紀のミッションとを架橋しながらセブンシスターズの五つの女子大学は宣言している。すなわちこのことは、トランスインクルーシブやダイバーシティという価値観を重視しながらも、高等教育の場で女性が中心であることの教育的効果を二十一世紀にも女子大学の必須条件と見なした証左ともいえる。

共学大学の場合であれば、寮やトイレ、または運動競技についての対応を検討するところだが、女子大学の場合は、包摂か排除かというアドミッションポリシーとして、すなわち大学全体として、まさに入り口のところから、トランスジェンダーの学生の受け入れをめぐって真正面から取り扱わなくてはならなかった。その点が共学大学とは決定的に異なる側面である。

ジェンダー理論として、性別二元論（バイナリー）の問題性が批判されてきて久しい。そのような状況でポジショナリティという観点も含めて、大学教育という実践の場で、ジェンダー的に周縁に位置するセクシュアルマイノリティの学生をめぐって、アドミッションポリシーを文書化し、具体的に「女子大学」と名乗るのかどうか、さらには「よくある質問（ＦＡＱ）」で「女性とは誰のことなのか」という質問に詳細にわたって回答し、ジェンダー的に流動的な（gender fluid）学生に対応しているこの局面に、二十一世紀アメリカのセブンシスターズの五女子大学が果たしている新たな先駆的役割が見て取れる。

注

（1）アメリカの東部に位置する歴史的に重要な七つの名門女子大学。現在は、七つのうちバーナード、ブリンマー、マウントホリヨーク、スミス、ウェルズリーの五大学が女子大学を維持している。

（2）"The Albright Institute."（http://www.wellesley.edu/albright/about）［二〇一六年八月二十日アクセス］

（3）連邦政府の学費援助の申請書類に男子という記載があったことが判明した時点で当該学生は入学選抜の対象からはずされたのだが、そのことに対して在学生が反対運動を展開した。

（4）Barbara M. Solomon, *In the Company of Educated Women: A History of Women and Higher*

Education in America, Yale University Press, 1985; Patricia A. Palmieri, *In Adamless Eden: The Community of Women Faculty at Wellesley*, Yale University Press, 1995; Helen L. Horowitz, *Alma Mater: Design and Experience in the Women's Colleges from Their Nineteenth-Century Beginnings to the 1930s*, University of Massachusetts Press, 1993.

（5）"Convocation 2014," September 2, 2014.（https://www.mtholyoke.edu/president/convocation-2014）［二〇一六年八月十六日アクセス］。また、同大学のトランスジェンダーの学生のアドミッションについては以下を参照。"Admission of Transgender Students."（https://www.mtholyoke.edu/policies/admission-transgender-students）［二〇一六年八月十六日アクセス］

（6）"A Letter from Bryn Mawr Board Chair Arlene Gibson," February 9, 2015.（http://news.blogs.brynmawr.edu/2015/02/09/a-letter-from-bryn-mawr-board-chair-arlene-gibson/）［二〇一六年八月二十二日アクセス］。理事長に続いて数十分後、学長名でも手紙形式で発表があった。"A Letter from President Kim Cassidy," February 9th, 2015.（http://news.blogs.brynmawr.edu/2015/02/09/a-letter-from-president-kim-cassidy/）［二〇一六年八月二十二日アクセス］

（7）"Mission and Gender Policy"（http://www.wellesley.edu/news/gender-policy）［二〇一六年八月十八日アクセス］

（8）"Admission Policy Announcement," May 2, 2015.（https://www.smith.edu/studygroup/index.php）［二〇一六年八月二十日アクセス］

（9）"Barnard Announces Transgender Admissions Policy," June 04, 2015.（https://barnard.edu/news/barnard-announces-transgender-admissions-policy）［二〇一六年八月二十日アクセス］

（10）"Mills College Report on Inclusion of Transgender and Gender Fluid Students: Best Practices,

Assessment and Recommendations," April, 2013.（https://www.mills.edu/diversity/Final-Report-on-Transgender-Inclusion-4-25-13.pdf）［二〇一六年八月二十一日アクセス］

（11）"Mills College Report on Inclusion of Transgender and Gender Fluid Students: Best Practices, Assessment and Recommendations," pp. 13-14.

（12）Carlton College Student Organizations, Sexuality and Gender Activism, "Gender-Neutral Pronouns," updated on April 1, 2016,（https://apps.carleton.edu/student/orgs/saga/pronouns/）［二〇一六年八月二十一日アクセス］

（13）"Best Colleges for LGBTQ Students 2016,"（http://www.bestcolleges.com/features/best-colleges-for-lgbt-students/）［二〇一六年八月二十一日アクセス］

（14）河嶋静代『性的マイノリティの学生支援における課題　平成二十六年度ジェンダー問題　調査・研究支援事業報告書』北九州市男女共同参画センター・ムーブ、二〇一五年

（15）同書五六ページ

［付記］本章は、文部科学省科学研究費補助金基盤研究（C）「セブンシスターズの歴史と女性のリーダーシップ教育」（二〇一四—一七年度）の研究成果の一部である。初出の「トランスジェンダーの学生をめぐる入学許可論争とアドミッションポリシー——二十一世紀のアメリカにおけるセブンシスターズの女子大学を中心に」（「ジェンダー史学」第十二号、ジェンダー史学会、二〇一六年、五—一七ページ）に若干の修正を加えたものである。

コラム3　トイレ騒動──現在進行形

紙谷雅子

最近の日本の公共施設での常識は「男性トイレ」「女性トイレ」と「誰でもトイレ」。しかし、どこでもそうだというわけではないアメリカでの「トイレ騒動」の話である。

いま、アメリカで

自らが認識するジェンダーと出生時に規定された性別との不一致に伴いがちな苦痛(1)を体験していると診断されたG・Gは、心理学者から自らが認識するジェンダーにしたがって生活することを勧められ、その勧告を実行するため、二〇一四年七月、州裁判所に法的な氏名の変更を申請し、認められた。G・Gは生活のあらゆる場面で、自らが認識するジェンダーにしたがうことを決断し、学校とは、保健室のトイレを使い、体育の授業は自宅学習をすることで合意したが、実際に授業が始まると、男性トイレを使いたいと申し出て、学校もそれを認めた。

ところが、G・Gが男性トイレを使うことを問題視した人が、バージニア州グロースター郡教育委員会の会合で、トイレと更衣室の利用を出生時のセックスにしたがうことと、ジェンダー自認に問題をかかえる生徒には他の適切な施設を提供するという政策を提案し、教育委員会は二回の会合を経て、二〇一四年十二月十日に新しい政策を可決した。この新しい政策が実施されたせいで、G・Gはその翌日から男性トイレを使用できなくなった。G・Gはこの頃からホルモン治療を受け始めていたが、十二歳頃から男性だと自認するようになり、周囲の人々もそのように認識していたので、女性トイレを使う人々はG・Gが女性トイレを使用することに強く抵抗していた。

G・Gは、新たに設置されたユニセックス・トイレを利用することは、みんなと同じではないという社会的烙印を受け入れることであり、疎外感をもたらすと主張して、二〇一五年六月十一日に、教育委員会の政策は合衆国憲法第十四修正の平等保護条項と教育での性差別を禁止する連邦法第九編に抵触し無効だという宣言と、G・Gに男性トイレの使用を認めない政策の暫定的差止命令を求める訴えを連邦地方裁判所に提起した。六月二十九日、連邦司法省は出生時のセックスにもとづくトイレ利用を定めた委員会の政策は第九編違反だと指摘して、G・Gの立場を支持した。七月七日、教育委員会は訴えの却下を申し立て、七月二十七日、口頭弁論が開かれた。連邦地方裁判所（ロバート・G・デュマー裁判官）は口頭弁論の場でG・Gの第九編に関する申立を却下し、九月四日には差止命令に関しても却下した。

その説明[2]によれば、第九編の（異なる性別のために別々の生活施設を維持することを教育機関に禁止していると解釈されるべきではないという）例外規定と連邦教育庁の（教育機関は性別にもとづいて別々だとしても同等のトイレ、更衣室、シャワー施設を設けることができるという）規則[3]から、学校がセックスにもとづいて区分されたトイレを設けることには問題がなく、法規上のセックスをジェンダー認識と理解しないかぎり、G・Gは有効な主張をしておらず、教育委員会の政策はこの規則に合致しており、トイレ、更衣室などを提供する場合にはジェンダー自認にしたがった取り扱いをすべきだという連邦教育省が一五年一月七日に公表した「手紙[4]」と一四年十二月一日の「ガイダンス文書[5]」の解釈に敬意を払う必要はない、セックスとは出生時のセックスだという以外の解釈は間違っていると、第九編にもとづく請求を退けた。

本案の結論が出るまでの間、G・Gに男性トイレを使用させるという暫定的差止命令の申立に関し、連邦地方裁判所は平等保護条項にもとづく請求の是非について判断するまでもなく、G・Gは差止命令を正当化しうるほどの不利益について十分な証拠を提出していないという結論に達した。決め手となったのは、それぞれのセックスが必要とする「身体のプライバシー」という憲法上の権利[7]に対応する施設の必要[8]という教育委員会の主張[9]だった。

連邦控訴裁判所第四巡回区裁判所は、教育委員会の政策について、アウアー判決[10]にもとづいて連邦教育省の解釈を評価し、第九編に抵触すると判断して原審を破棄した。また、暫定的差止命令を考慮する際には伝聞その他、法廷には提出できない証拠を考慮することに問題はないので、申立を退けたのは誤りだったと判断してその決定を破棄したが、記録上、偏見は明白ではないと裁判官の再指定は認めず、原審に差し戻した[11]。

連邦地方裁判所は、連邦控訴裁判所のデイヴィス裁判官の同意意見を参照し、G・Gの暫定的差止命令の申立を認容した[12]が、これはトイレに限定され、更衣室など他の施設には及ばないと念を押した。教育委員会は暫定的差止命令の執行停止を申し立てたが、連邦控訴裁判所は合衆国最高裁判所への裁量上訴の申立の判断までは執行停止を認めないとした。合衆国最高裁判所は執行停止を認め[14]、裁量上訴の申立を受理したが[15]、この訴訟では、①行政機関の「通達」に払うべき敬意と、②その対象になっている第九編と規則の解釈の妥当性について判断すると、裁量上訴申立受理に条件を付けた。二〇一七年二月、教育省と司法省が一四年のガイダンス文書を撤回したので、合衆国最高裁判所は一七年三月六日に、新しいガイダンスにしたがって事件を再検討するよう連邦控訴裁判所に差し戻した。第九編の争点は残っているが、暫定的差止命令は効力を失っている。G・Gは男性トイレを使えない。

何がきっかけ？

二〇一五年春、一九七六年オリンピック近代十種競技金メダリストでリアリティ・ショーなどテレビでも有名なブルース・ジェンナーさんが「自分は女性なので、これからはケイトリンと呼んで」と「ヴァニティ・フェア」誌に登場し、九月には法的にも女性として登録された。アメリカの主流メディアでトランスジェンダーが真面目な話題として取り上げられるようになったのはこの頃ではないかと思われる。

真偽のほどは定かではないが、ジェンダー認識にもとづくトイレ使用が広く意識されるようになったきっかけは、二〇一六年四月頃のある「Facebook」の写真だという話もある。クリスティ・メリットさんはメキシコ人の格好をしてもメキシコ人になるわけではないという写真を使って、「女装しても男性が女性になるわけではない、だから、生まれつき男性ならば女性トイレや更衣室に入ってくるな！」と書いた。

このメッセージに対して、「常識だ！」という反応もあれば、「明らかに無知！」という指摘もあり、かなりの人がコメントを残した。それとは別に、「私が女性トイレに入れると思うか！」というマッチョな写真を載せた「生まれたときは女性」もいた。メリットさんの発想からすると、「生まれたときとは異なるセックス」であることが法的に承認された人であっても、「生まれたときのセックス」を基準に判断することになるので、現在は男性であっても女性のトイレを使うべきということになる。自らが認識するジェンダーと出生時に規定された性別との不一致に伴いがちな苦痛に対するホルモン治療なども神の心に反するという発想からすると、メリットさんのような考えになるのかもしれない。「Facebook」はメリットさんのメッセージは「不適切」と判断し、一週間ほどで削除したようである。

二〇一六年春から夏になると、学校の「トイレ使用」の争いはG・Gの事案だけではなかった。五月十三日に連邦教育省は、市民的権利と自由に関する差別を禁止する連邦法の、一般公衆が利用する施設に関する第七編と教育施設に関する第九編にもとづき、連邦の助成金を受領している公立学校に対して、ジェンダー自認と合致するトイレ使用を奨励する文書（DoJ／DoE通知）を送った。すると、十二の州と三つの教育関係機関が、[16] 連邦政府[17]が伝統的生物学的な違いを意味するセックスの定義を、ジェンダー自認にもとづく定義に変更したことで回復不能な損害が生じ、その通知に対する差止命令が不可避だと連邦の裁判所に申し立てた。合衆国はジェンダー認識にもとづく性差別を禁止する政策は第九編と矛盾せず、むしろ、法の趣旨に合致している、文書は新しい権利を作り出したわけではない、と反論した。八月二十一日、連邦地方裁判所テキサス北部裁判所ウィッチタ・フォールス支部（リード・O・コナー裁判官）は、州の申し立てた暫定的執行停止の申立を認めただけでなく、連邦裁判所のエクイティ上の権限にもとづいて差止命令の射程は第五巡回区の州だけでなく、セックスにはジェンダー自認が含まれないと判断する州すべてに及ぶべきだという結論の判決を下した。[18]

ノース・キャロライナ州シャーロット市は二〇一六年二月に差別否定条例を修正し、家族関係、性的指向、ジェンダー表現とジェンダー自認を保護されるべき特徴のリストに追加したところ、ノース・キャロライナ州議会は市条例を無効にする趣旨の通称HB2を三月二十三日に成立させ、同日、州知事はHB2に署名し、HB2は州法として成立した。[19][20] 八月二十六日、連邦地方裁判所はHB2の「トイレ法」と称される部分について、ノース・キャロライナ大学と州に対してトランスジェンダーであるノース・キャロライナ大学の学生と被傭者が申し立てた暫定的差止の請求を認めた。[21] そして、十二月二十日、HB2に署名した現職を一六年十一月の選挙で敗北させた次期の州知事は、シャーロット市が十二月十九日に条例を撤回したので、州法を廃止することについて州議会の了解を得たと宣言した。HB2を理由とするノース・キャロライナ州ボイコットが功を奏したのではないかという見方もある。

G・Gの訴訟でも、テキサス州が主導する訴訟でも、争われているのは以下の四点である。①セックスを基準に別々の施設設備サービスを提供することは、それが同等であるかぎり容認されると規定している第九編§一〇六・三三のセックスという表現が、連邦教育省が通知でジェンダー認識との関係を説明する必要があるほど「あいまい」なのか。②連邦教育省が示した解釈基準が、法律の予定しない権利を創設せずにそのあいまいさを解消することになっているのか。③連邦教育省が示した解釈には拘束力があると敬意を払い、尊重すべき要件を満たしているのか。[22]④解釈の実際的な効果から判断して強制力がある「法的基準を設定している（ので、実施に際しては「告知とコメント」要件を満たすべきだったか）」のか。

どの当事者も、第九編が、一九七五年に制定されたときには、教育プログラムでセックスにもとづく差別を禁止する趣旨であり、それは教育での女性の権利実現のためだったという認識を共有している。問題は、二〇一六年段階で、第七編、第九編と§一〇六・三三で用いられている「セックス」が、一九七五年段階での意味と全く変わらないのか、ジェンダー自認を含むよう変化を遂げたのかを、どのような根拠で（合衆国最高裁判所が）判断するか[23]だが、その混乱の背後にあるのは「プライバシー」という感覚的にはわかりやすいと思われているけれども、きわめてあいまいな概念を人々が自分たちに都合よく理解していることにありそうである。[24]

「プライバシー」を検討する

合衆国憲法と合衆国最高裁判所の判例法理に照らすと、人の身体をめぐる「身体的プライバシー」、その周囲に及ぶ「空間的プライバシー」に対しては不合理な捜査や押収を禁止する第四修正が、人の思想と信条に関わる「知的プライバシー」、他者との関係に関わる「交流やコミュニケーションのプライバシー」は言論出版の自由と信教の自由を保障する第一修正が、自分にとって重要な判断に介入されない「決定のプライバシー」は第十四修正デュー・プロセス条項が保障する基本的自由として、憲法上の保護がある。[25]

ここでは、一般的な公共施設のトイレについてではなく、公立の高校や大学のトイレに議論を限定する。[26] G・Gやノース・キャロライナ大学のカルカーニョが性別を明示したトイレ設備が提供されている状況でジェンダー自認と一致しないトイレの使用を強要されることは、「身体的なプライバシー（第四修正）」とその根底にある「自己認識と自己決定に干渉されないプライバシー（第十四修正）」、そして、ジェンダー自認にもかかわらず同じジェンダー認識に立つ人々と同じ施設を利用できない、排除されるという「交流のプライバシー（第一修正）」を侵害することになる。

ところが、議論は、同じ施設を利用する人々の「身体的なプライバシー」が、G・Gたちの存在によって脅かされる、侵害されるかのように展開する。しかも「身体的なプライバシー」が出生時に規定された同性間では存在しないことも暗黙の前提[27]となっているようにみえる。さらにこの立場を維持するむずかしさは、なぜ、他の生徒や学生、教員などトイレ使用者のプライバシー、G・Gやカルカーニョのプライバシーに優先されるのかの説明がつかないところにある。仮に、他の生徒などのプライバシーが優先されうる根拠が「数」であるならば、それは通常の政治過程を通じての保護がむずかしい「ばらばらに孤立した少数者」に対する配慮がいっそう求められている[28]という憲法の基本的な考え方とは相いれない主張である。

ばらばらに孤立した少数者——LGBあるいはSOと、TとIあるいはGI

合衆国の裁判所は、二〇一五年に同性カップルにも婚姻という基本的な権利を保障すると判断した。[29] 最初の法的挑戦が一九七〇年[30]だったことを考えるならば、決して容易でも平坦でもない道筋だったが、二人の、意思を同じくするレズビアンやゲイが諦めることなく、繰り返し繰り返し挑戦することでようやく実現した。自己についての認識を（多くの場合、より若い年齢のときに、一人で）模索するトランスジェンダーやインターセックスには、より多くの克服すべき障壁が存在し、より適切な権利の擁護が必要であることは指摘するまでもない。たとえば前述のプライバシーの類型に照らして検討すると、性的指向を前提とする「プライバシー」とジェンダー自認を前提とする「プライバシー」では異なる類型に該当することがしばしばあるように思われる。後者に関しては、婚姻で言及された「尊厳」の概念をいっそう精緻に検討することになりそうである。大衆迎合的な執行府であればあるほど、司法府にはばらばらに孤立した少数者を保護するより大きな責務が生じる。

私には、（自意識過剰かもしれないけれども）仲間からの視線と圧力に揺らぐことが多い十代だからこそ、トイレの問題がとても重要と思われる。

（１）アメリカ精神医学会の『精神疾患診療統計マニュアル第五版ＤＳＭ－５』（二〇一三年）と世界保健機関の『国際疾患分類第十版ＩＣＤ－10』（一九九〇年、二〇一六年）は、かつてGender Identity Disorder（ＧＩＤ）と称した対象を、「障害」や「疾患」ではなく、Gender Dysphoria（ＧＤ）、自らが認識するジェンダーと出生時に規定された性別との不一致に伴いがちな苦痛として取り扱っているが、日本語では現在も「性同一性障害」と訳されている。

（２）G.G. v. Gloucester County School Board, 132 F. Supp. 3d 736 (E.D. Va. 2015).

（３）*34 C.F.R. § 106.33.*

（４）Statement of Interest 9, ECF No. 28; id. Ex. B, at 2, ECF No. 28-2.

（５）Department of Education, Office for Civil Rights, Questions and Answers on Title IX and Single-Sex Elementary and Secondary Classes and Extracurricular Activities 25 (Dec. 1, 2014).

（６）もっとも、法律や規則上のセックスをジェンダーと読んでも、多くの生徒は出生時のセックスがジェンダー自認と一致しているので問題はなく、齟齬があると意識しているＧ・Ｇのような立場にある生徒は自認に合致する性別は出生時に認知されるべきだった性別にほかならないと理解したときに本人にとっての問題は解消すると考えるならば、より多くの生徒の希望を満たすジェンダーと読むほうが望ましい解釈のように思われる。だが、ジェンダー自認に対抗して主張されるのは、同じ施設を使用する他の生徒のプライバシーとして表現される概念であり、このプライバシー概念の実態がなんであるのかの認識の違いが、この紛争の中核にある。

（７）Lee v. Downs, 641 F. 2d 1117, 1119 (4th Cir. 1981).

（８）Virginia v. United States, 518 U.S. 515, 550 n.16 (1996).

（９）教育委員会の主張は、「身体のプライバシー」の懸念が、異なるセックスのとき、すなわち、

G・Gが男性トイレにいると、（小便器があるので）男性の「身体のプライバシー」は侵害されるが、異なるジェンダーのとき、すなわち、男性と自認するG・Gが出生証明書の記載にしたがって女性トイレにいても、G・Gの「身体のプライバシー」も、そして、そのトイレを使用する女性の「身体のプライバシー」も侵害されないことを前提としているようであり、さらにうがった見方をすると、女性の「身体のプライバシー」は男性の「身体のプライバシー」ほどには保護に値しないというようにも聞こえる。

（10）Auer v. Robbins, 519 U.S. 452, 461 (1997).

（11）G.G. v. Gloucester County School Board, 822 F. 3d 709 (4th Cir. 2016); rehearing denied, 824 F. 3d 450 (4th Cir. 2016).

（12）G.G. v. Gloucester County School Board, Civil No. 4:15cv65 (E.D. Va., Jun. 23, 2016).

（13）G.G. v. Gloucester County School Board, No. 16-1733 (4th Cir. Jul. 12, 2016).

連邦控訴裁判所第一、第六、第九と第十一巡回区裁判所は平等保護条項と連邦の市民的権利と自由に関する複数の法律のセックスに関し、個人をトランスジェンダーとして差別することは許されないという立場をとっていることを指摘するディヴィス裁判官の同意意見と、暫定的差止命令の申立に対して適用されるべき比較衡量分析からすると執行停止の申立を認めるのが適切だというニーマイヤー裁判官の反対意見とがある。

（14）Gloucester County School Board v. G.G., 136 S. Ct. 2442 (Aug. 3, 2016).

ブライヤー裁判官は、執行停止が現状維持であることに鑑み、礼譲として同意しているが、ギンズバーグ、ソトマイヨール、ケーガン裁判官は、執行停止は認めるべきではないという立場を表明した。

（15）Gloucester County School Board v. G.G., 85 U.S.L.W. 3208 (Oct. 28, 2016).
（16）原告となったのは、テキサス州、テキサス州ハロルドインディペンデント学校区、アラバマ州、ウィスコンシン州、ウェストバージニア州、テネシー州、アリゾナ教育局、アリゾナ州ヒーバー・オーバーガード統一学校区、メイン州知事、オクラホマ州、ルイジアナ州、ユタ州、ジョージア州、ミシシッピ州、ケンタッキー州である。
（17）被告としては、教育省（Department of Education. ＤｏＥ）、司法省（Department of Justice. ＤｏＪ）、労働省（Department of Labor. ＤｏＬ）、雇用機会均等委員会（Equal Employmemt Opportunity Commission. ＥＥＯＣ）、その他さまざまな連邦機関ということになっている。
（18）Texas v. United States, Case No. 7:16-cv-00054-O (N.D. Tex. Aug. 21, 2016).
（19）Public Facilities Privacy & Security Act, 2016 N.C. Sess. Laws 3. 二〇一六年、公共施設でのプライバシーと安全法の一部である「トイレ法」は、複数の人が利用するトイレ、シャワー、その他類似の施設は、出生証明書に記載された生物学上のセックスにもとづいて使用されるよう、公共機関は責任を負うと規定する。
（20）州知事は、二〇一六年四月十二日、州の公務員に対する差別禁止対象には性的指向とジェンダー自認が含まれるという行政命令を出している。
（21）Carcaño v. McCrory, 1:16cv236 (M.D. N.C. Aug. 26, 2016).
（22）Auer v. Robbins, 519 U.S. 452 (1997).
（23）「セックスを理由とする職場での差別」から労働者を保護する第七編が、職場の同性の同僚に対しても適用されると判断したOncale v. Sundowner Offshore Services, Inc., 523 U.S. 75 (1998)以降、合衆国最高裁判所が、セックスの意味を出生時の解剖学的な意味に限定して理解しているという議論を維持するのはむずかしい。
(24) 法的分析からは、連邦機関の権限行使の妥当性と連邦地方裁判所による全国的な差止命令の有効性についての検討も不可避だが、ここでは取り上げない。
(25) この「プライバシー類型」で参考にしたのは九つの法域での憲法上のプライバシーの保護を比較衡量し、類型化した、Bert-Jaap Koops, Bryce Clayton Newell, Tjerk Timan, Iva Škorvánek, Tomislav Chokrevski, Maša Galič, "A Typology of Privacy," *U. PA. J. INT'L L.* (forthcoming) が提案する「個人」から「公共」までの四つの場面と、「消極的自由と積極的自由」の二軸からなる「アクセスとコントロール」に濃淡がある八つの場面、いずれにも関わる「情報のプライバシー」という三元分類である。本章では、合衆国憲法の構造を前提とした説明類型として参照しているが、コープスなどによる前述の論文の正確な紹介ではない。
(26) 学校では、G・Gの場合のように、ジェンダー自認と出生時のセックスとが異なっていることが周囲に明らかになっているからこそ、どのように表示してあるトイレを使用するのかが問題になる。公共施設としてのトイレ利用の場合には、(当事者にとっての心理的障壁が非常に高いことは否定できないとしても) 外見に合致した区分を利用することのほうが容易なので、ジェンダー自認と異なるトイレ使用を法律や条例で強制することの実行性は乏しい。
(27) *Supra* note 8.
(28) United States v. Carolene Products Co., 304 U.S. 144, 152 n.4 (1938).
(29) Obergefell v. Hodges, 135 S. Ct. 2584 (2015).
(30) 一九七〇年五月に、Michael McConnell と Jack Baker は婚姻許可証の申請をし、拒否され、争ったが、認められなかった。Baker v. Nelson, 291 Minn. 310, 191 N.W. 2d 185 (1971); Baker

v. Nelson, 409 U.S. 810 (1972).

おわりに

戒能民江

ＬＧＢＴＩに関する社会的関心が高まり、国や自治体、企業の取り組みが進みつつあるとされるが、職場や学校での差別やいじめ、ハラスメントは後を絶たず、ＬＧＢＴＩの人々の自殺念慮割合は高いといわれている。このような状況を変えていくには、当事者が安心して学べる環境を整える必要があるし、そのためには、人々の意識の転換が求められる。そこでの教育の重要性はいうまでもない。

実際、文部科学省通達、教職員向け手引の公表や教科書への記載など、ＬＧＢＴＩをめぐる教育環境は変化の兆しをみせている。本書は、ＬＧＢＴＩの権利保障の観点から教育の問題を取り上げ、子どもや若者たちへの支援のあり方や教育の方向性を探るものである。

啓発教育を中心に活発な活動をおこなっている民間団体 ReBit の薬師実芳「第3章 多様な性をもつ子どもの現状と教育現場で求められる対応について」は、当事者の困難として、画然とした男女二分法やＬＧＢＴの不可視化が生み出す疎外感、否定的な対応や無理解による相談のハードルの高さ、正確な情報や知識が届かないことによる自己否定、ＬＧＢＴのロールモデルの不在による将来への不安を挙げている。教育の実践例として、テレビなどからあふれ出る否定的な情報にすでに左右され始める小学生への出張授業を紹介していて、多様な性をもつ ReBit メンバーとの出会いを経て、その人らしさや自分らしさの受容へと向かう子どもたちの姿が活写される。

愛媛県西条市丹原東中学校の先駆的な取り組みは全国的にも知られている。人権教育の蓄積を基盤に開始された教育実践では、性的マイノリティの人権をテーマに掲げ、性的マイノリティに対する肯定的評価と差別解消のために主体的に取り組む意欲を向上させることを目的とする。生徒こそ主人公という理念のもとに事業を推進してきた、同校教員の岸田英之「第1章 生徒による取り組みの紹介——丹原東中学校の実践から」によれば、まず、教員自身が当事者の声を聞き、差別の現実を知ることから出発したという。このスタンスが生徒たちにも伝播し、学校の構成員すべての問題として認識されるようになり、活動の場は地域へと広がっていった。学習の成果が地域の大人たちの根強い固定観念をも切り崩そうとしていることや、生徒会による制服の見直しなどの具体的な取り組みに発展していること、制服について考えることが小学校への出前授業へと展開していることなど、学校教育でのLGBTの権利保障の可能性を示している。共同体的結び付きが強い地域では偏見や差別が根強く、変化はむずかしいだろうというステレオタイプを見事に打破した実践例であり、全国の学校現場への広がりを期待したい。

中塚幹也「第2章 LGBTI当事者のケアに向けた学校と医療施設との連携」は、医療者の視点から学校と医療機関との連携のあり方を検討する。医療のケアを必要とする子どもたちを医療機関につなぐ学校の役割と、医療機関から学校へのはたらきかけの重要性にあらためて気づかされる。

それにしても、専門的な医療対応の現状は心もとない。専門家の養成と連携強化は急務である。

これらの実践例を受けて総論的に考察するのが、渡辺大輔「第4章「性の多様性」教育の方法と課題」である。渡辺は文科省通達や周知資料を分析して、国の政策の立地点のあいまいさを批判する。「性的マイノリティ」の明確な定義と明記ではなく、「「性的マイノリティ」とされる児童生徒」（傍点は引用者）と表現せざるをえない社会のあり方や、性別二元制を問わないままでの政策立案姿勢を問題視する。マジョリティからマイノリティへの配慮という一方通行の対応や理解に終始していると指摘し、「性的マジョリティ」が同時に問われなければ、マジョリティとマイノリティの権力構造を再生産するだけではないかという、渡辺の根源的な問題提起を心にとどめたい。

岩本健良「第5章　教員採用試験での適性検査ＭＭＰＩの見直しの必要性」は、学校教育の出口である教員採用試験で、受験したＬＧＢＴＩ当事者が不快感や不安を覚えるような適性検査がいまだにおこなわれていることを問題にする。第二次世界大戦中に作成された心理テストＭＭＰＩ中の「男性性－女性性」尺度を図る設問は、兵士の採用試験で男性同性愛者を排除することを目的としていた。そのアメリカでは、一九六〇年代には、性的指向などを含んだ心理テストの採用試験での使用が雇用差別とされたのに対し、日本で、大学や当事者団体から全国的な問題提起がおこなわれたのは、二〇一〇年代以降だった。その後、実施する県や市が減少しているとはいえ、全面廃止には至っていない。本章は、日本社会が無批判に人権侵害ともいうべき心理テストの存続を許してきたことに警告を発している。

河嶋静代「第7章　大学での性的指向と性自認が非典型の学生支援の課題」は、日本で初めての大学に関する包括的調査にもとづく考察である。調査後の状況の変化を反映した課題設定をあらためておこない、性別記載の削除や通称使用、ハラスメント規定への付加など、具体的な政策提言を試みる。大学での潜在化の打破や大学間格差の解消、学生との協働など課題は山積しているが、大学の積極的な取り組みに期待したい。

一方、隠岐さや香「第6章 日本の大学での性的少数者に関する調査結果」は、教職員や若手研究者、大学院生を対象に実施した調査を通して、もっとも切実で関心がある研究テーマを選択できない、学生に自分の性的指向を知られないように苦労するなど、性的マイノリティの当事者が研究教育現場で直面する困難と課題を明らかにする。教員の性的少数者としての権利擁護の仕組みがないことによる不安の増幅や、「日本の大学がもともと想定していたメンバー」（健常な異性愛者男性）ではない女性と性的少数者が直面する困難の重なり合い、障がいがある人への支援と性的少数者支援との関係など、重要な知見が提示されている。これは、社会的に不安定な立場にある若手研究者にとって切実な問題である。

髙橋裕子「第8章 トランスジェンダーの学生受け入れとアメリカの名門女子大学——もう一つの「共学」論争後のアドミッションポリシー」は、アメリカの名門女子大学のトランスジェンダーの学生受け入れ方針を紹介し、女子大学でトランスジェンダー問題に取り組む意味を浮き彫りにする。日本の女子大学でも、トランスジェンダーの学生受け入れについて真正面からの取り組みを迫られていて、アメリカの議論に学ぶことは多い。なかでも、「トランスインクルーシブ」方針が二十一世紀の女子大学のミッションをアップデートするものだと位置づけて当事者学生の支援をおこなうミルズ大学の議論は本質を突いている。つまり、性的マイノリティへの抑圧は性別二元論体制に起因し、その性別二元論は女性蔑視と家父長制に由来するとする。だからこそ、女子大学はジェンダーに起因する性的マイノリティ抑圧に先進的に取り組むべきなのである。同時に、「女性をセンターに置く」女子大学の教育の必要性が再確認されていることも注目すべきである。

田中かず子「コラム2 性的マイノリティ問題への取り組み――国際基督教大学での実践からみえてきたこと」は、大学で先駆的な当事者学生支援をおこなってきたICUの二十年間を批判的に振り返る。当事者のニーズに対応する支援とは、支援の対象として主流が受け入れるかどうかの新たな線引きを意味し、主流の規範からはずれるマイノリティを「痛みを感じることなく」排除できることではないか、という田中の指摘は重い。ここでも、問われるのはマジョリティの特権構造である。

性自認と出生時に規定された性別の不一致に苦痛を覚える生徒が、性自認にもとづく性別のトイレを使用できなくなったことを争ったアメリカの事例を考察するのは、紙谷雅子「コラム3 トイレ騒動――現在進行形」である。トイレ問題は、「セックス」の定義を問い、身体のプライバシーの対立の構造を問う。「バラバラに孤立した少数者」、とりわけ、「仲間からの視線や圧力に揺れる十代」にとって、トイレ問題は現在進行形なのである。

今後の課題として、本書では執筆者各自に任されたが、概念・用語の検討がある。さらに、高等教育での国のガイドライン策定が急務である。根本的には、谷口洋幸「コラム1 LGBT／SOGIに関する包括的な法整備の必要性」が述べるとおり、「差別解消」と「理解増進」をあわせもつ、包括的な法整備の実現が焦眉の課題である。
本書を契機に、教育現場でＬＧＢＴＩの権利保障が前進することを期待したい。

Q６　他の児童生徒に対し、秘匿しながら対応している事例はありますか。
A　平成26年の文部科学省の調査では、約6割の児童生徒が他の児童生徒や保護者に知らせておらず、その中には、秘匿したまま学校として可能な対応を進めている事例もありました。
　なお、通知では、他の児童生徒や保護者との情報の共有は、当事者である児童生徒や保護者の意向等を踏まえ、個別の事情に応じて進める必要があるとしています。

Q７　関係学会等が提供する情報を得るにはどうしたら良いですか。
A　現在、性同一性障害に係る専門的な助言等を行える医療機関として、GID 学会のホームページにおいて「性同一性障害診療に関するメンタルヘルス専門職の所属施設」（平成27年2月24日付）が公開されています。
（参考 URL）http://www.okayama-u.ac.jp/user/jsgid/
　また、都道府県等の精神保健福祉センターでは、性同一性障害の相談を受けており、専門機関等、必要な情報に結びつくように努めています。こういった機関と連携を図ることも考えられます。

Q８　医療機関との連携について記載がありますが、性同一性障害と思われる児童生徒がいた場合、本人の意向に関わらず、医療機関の診断を受けるようすすめた方が良いのでしょうか。
A　医療機関との連携は、学校が必要な支援を検討する際、専門的知見を得られる重要な機会となります。他方、最終的に医療機関を受診するかどうかは、性同一性障害に係る児童生徒本人やその保護者が判断することです。
　このため、児童生徒やその保護者が受診を希望しない場合は、その判断を尊重しつつ、学校としては具体的な個人情報に関連しない範囲での一般的な助言などを専門の医療機関に求めることが考えられます。

Q９　性同一性障害に係る児童生徒への配慮と、他の児童生徒への配慮との均衡についてはどのように考えれば良いのですか。

A　性同一性障害に係る児童生徒への対応は重要ですが、その対応に当たっては、他の児童生徒への配慮も必要です。例えば、トイレの使用について、職員用トイレの使用を認めるなど、他の児童生徒や保護者にも配慮した対応を行っている例があります。

　このように、性同一性障害に係る児童生徒への配慮と、他の児童生徒や保護者への配慮の均衡を取りながら支援を進めることが重要です。

Q10　健康診断の実施に当たっては、どのような配慮が考えられますか。

A　通知は、「学校においては、性同一性障害に係る児童生徒への配慮と、他の児童生徒への配慮との均衡を取りながら支援を進めることが重要であること」としています。

　健康診断に当たっても、本人等の意向を踏まえた上で、養護教諭は学校医と相談しつつ個別に実施することが考えられます。

Q11　卒業後に法に基づく戸籍上の性別の変更等を行った者から卒業証明書等の発行を求められた場合、指導要録の変更まで行う必要がありますか。

A　通知は、「指導要録の記載については学齢簿の記載に基づき行いつつ、卒業後に法に基づく戸籍上の性別の変更等を行った者から卒業証明書等の発行を求められた場合は、戸籍を確認した上で、当該者が不利益を被らないよう適切に対応すること」としており、指導要録の変更は想定していません。

Q12　性自認や性的指向について当事者の団体から学校における講話の実施の申し出があった場合等、こうした主題に係る学校教育での扱いをどのように考えるべきですか。

A　一般論として、性に関することを学校教育の中で扱う場合は、児童生徒の発達の段階を踏まえることや、教育の内容について学校全体で共通理解を図るとともに保護者の理解を得ること、事前に集団指導として行う内容と個別指導との内容を区別しておく等計画性をもって実施すること等が求められるところであり、適切な対応が必要です。

他者の痛みや感情を共感的に受容できる想像力等を育む人権教育等の一環として、性自認や性的指向について取り上げることも考えられますが、その場合、特に義務教育段階における児童生徒の発達の段階を踏まえた影響等についての慎重な配慮を含め、上記の性に関する教育の基本的な考え方や教育の中立性の確保に十分な注意を払い、指導の目的や内容、取扱いの方法等を適切なものとしていくことが必要です。

資料3　「いじめの防止等のための基本的な方針」(文部科学省)から抜粋

[別添2]「学校における「いじめの防止」「早期発見」「いじめに対する措置」のポイント」
「○性同一性障害や性的指向・性自認に係る児童生徒に対するいじめを防止するため，性同一性障害や性的指向・性自認について，教職員への正しい理解の促進や，学校として必要な対応について周知する。」(3ページ)

Ｑ３「サポートチーム」「支援委員会」「ケース会議」の違いは何ですか。
Ａ 「サポートチーム」は性同一性障害に係る児童生徒を校内外の構成員によって支援する組織、「支援委員会」は校内の構成員によって機動的に開催する会議、「ケース会議」は校外の医療従事者等に識見を求める際に開催する会議を想定しています。

Ｑ４　サポートチームは生徒指導等に関する既存の組織・会議の活用でも良いのでしょうか。新たな組織・会議を設置する必要がありますか。
Ａ　通知のサポートチームの役割は、生徒指導等に関する既存の組織・会議と重なる部分もあり、それらを活用することは考えられます。
　なお、性同一性障害に係る児童生徒の支援は、個別の事案に応じ、児童生徒の心情等に配慮した対応を行うことが必要であることには留意が必要です。

Ｑ５　対応以前の問題として、学校として性同一性障害に係る児童生徒をどのように把握すれば良いのでしょうか。学校としてアンケート調査などを行い積極的に把握すべきなのですか。
Ａ　性同一性障害に係る児童生徒やその保護者は、性自認等について、他の児童生徒だけでなく、教職員に対しても秘匿しておきたい場合があります。また、自ら明らかにする準備が整っていない児童生徒に対し、一方的な調査や確認が行われると、当該児童生徒は自分の尊厳が侵害されている印象をもつおそれもあります。
　このようなことを踏まえ、教育上の配慮の観点からは、申出がない状況で具体的な調査を行う必要はないと考えられます。学校においては、教職員が正しい知識を持ち、日頃より児童生徒が相談しやすい環境を整えていくことが望まれます。

4．「性同一性障害に係る児童生徒に対するきめ細かな対応の実施等について」(平成27年4月30日児童生徒課長通知)(抄)(略)

5．「性同一性障害に係る児童生徒に対するきめ細かな対応の実施等について」(平成27年4月30日児童生徒課長通知)等に係るQ＆A

Q１　小・中・高等学校の学校段階で診断の有無に違いが生じる理由は何ですか。

A　性別に関する違和感には強弱があり、成長に従い減ずることも含め、変容があり得るとされます。また、性自認と性的指向とのいずれの違和感であるかを該当する児童生徒が明確に自覚していない場合があることも指摘されています。

このようなことを踏まえ、関係学会のガイドラインは、特に15歳未満については診断に慎重な判断が必要としており、性同一性障害の可能性が高い場合でもあえて診断が行われない場合もあるとされます。このことが、学校段階によって診断の有無の状況に違いが生じている理由と考えられます。

なお、通知では、診断がなされない場合であっても、医療機関との相談の状況、児童生徒や保護者の意向等を踏まえつつ、支援を行うことは可能としています。

Q２　学校内外のサポートチームのメンバーはどのような者を想定していますか。

A　既に対応を進めている学校の現場では、学校内のサポートチームには、相談を受けた者、管理職、学級・ホームルーム担任、養護教諭、学校医、スクールカウンセラーなどが含まれていました。

学校外のチームには、教育委員会、医療機関の担当者などが含まれていました。また、進学先の学校の教職員、スクールソーシャルワーカーのほか、児童福祉を担当する児童相談所や市町村担当部局の担当者との連携を図ることも考えられます。

資料2

（3）約2割の児童生徒は、他の児童生徒に知らせた上で学校生活を過ごしていました。
一方、約6割の児童生徒は、基本的に他の児童生徒等には知らせていませんでした。

他の児童生徒や保護者に対する取扱（秘匿の状況）

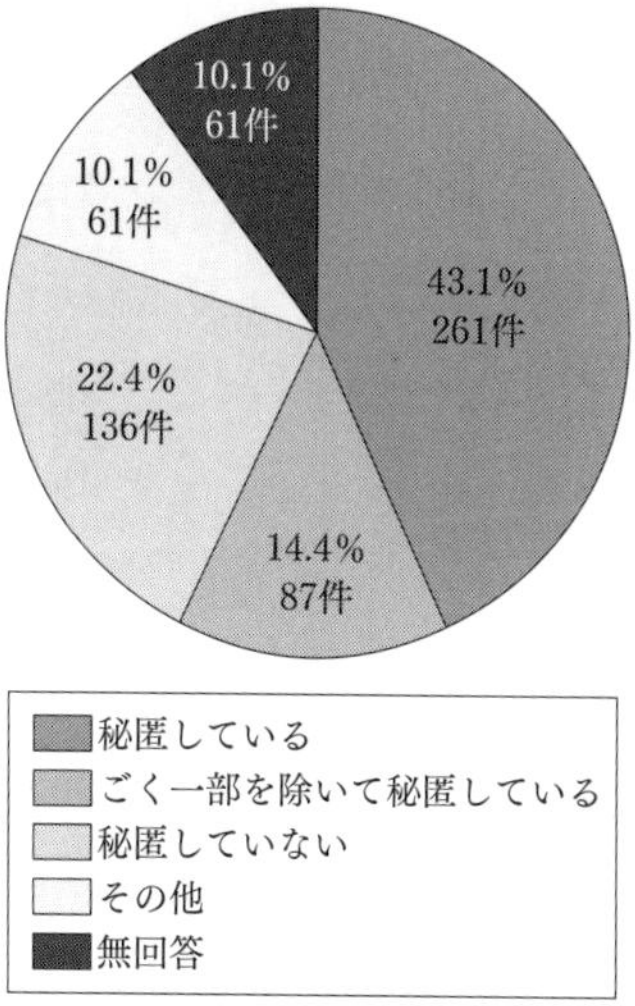

（4）性同一性障害としての診断を有する児童生徒は、学校段階が上がるにつれ増えますが、全体として見れば診断を有しない者の方が多い状況でした。

性同一性障害としての診断の有無

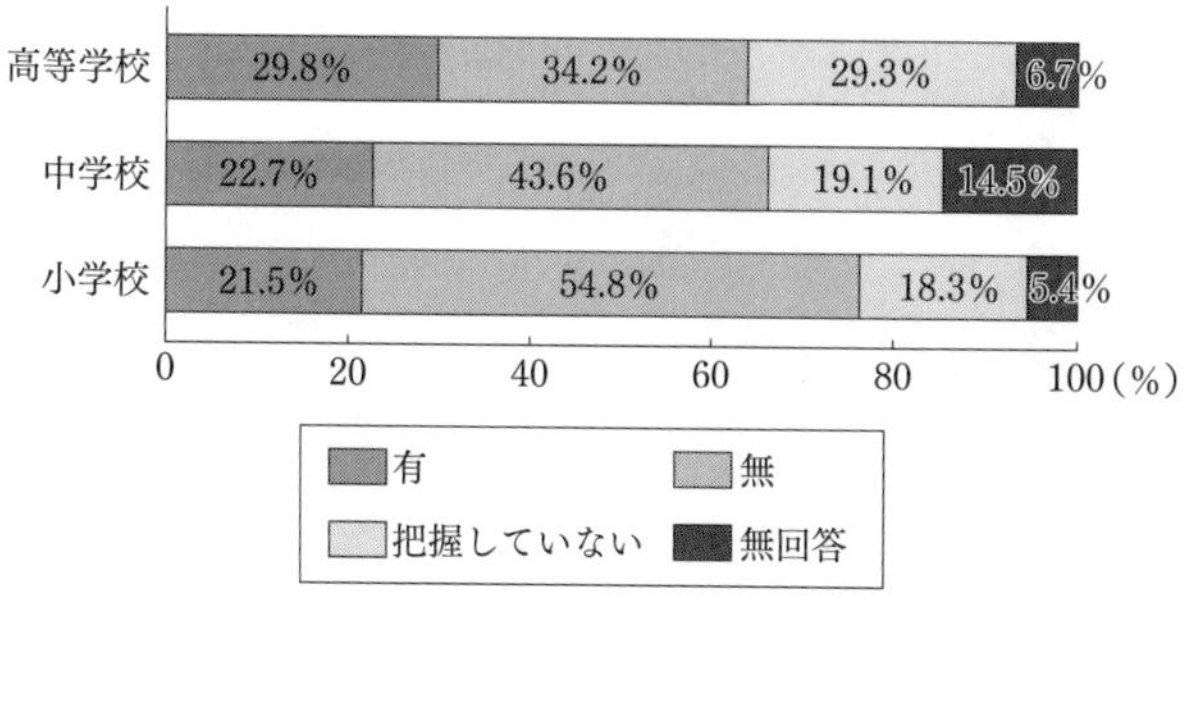

3．学校における性同一性障害に係る対応に関する現状

（1）学校における性同一性障害に係る対応に関する状況調査の結果、全国から606件の報告がありました。

戸籍上の性別

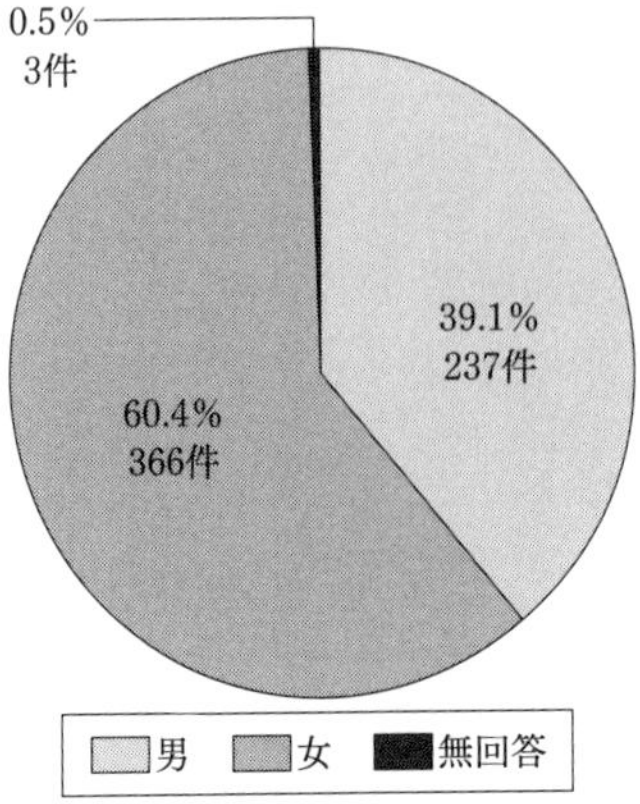

学校段階

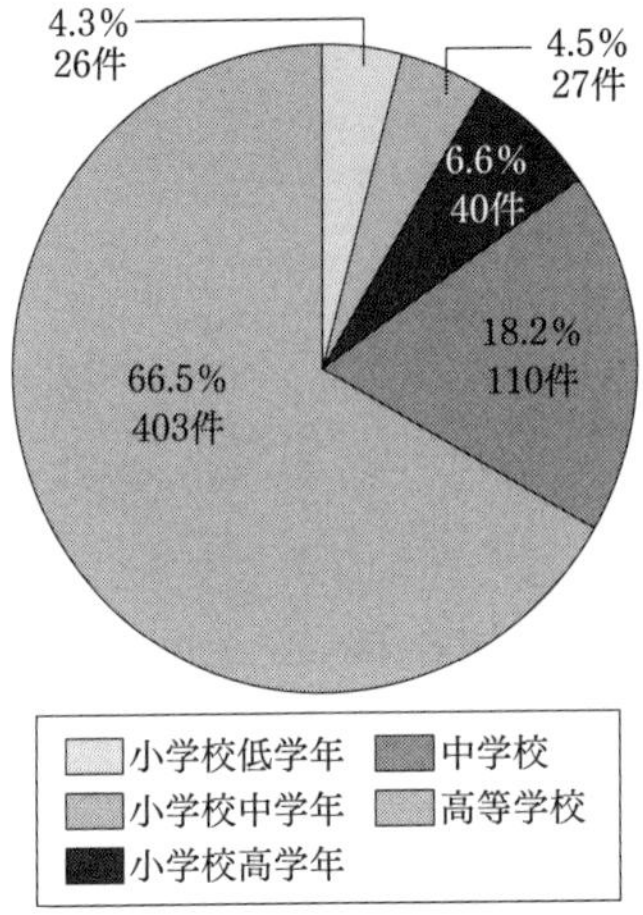

（2）全国の学校において、服装、トイレ、宿泊研修等に関し個別対応がなされていました。

特別な配慮の状況（小中高等学校全体）

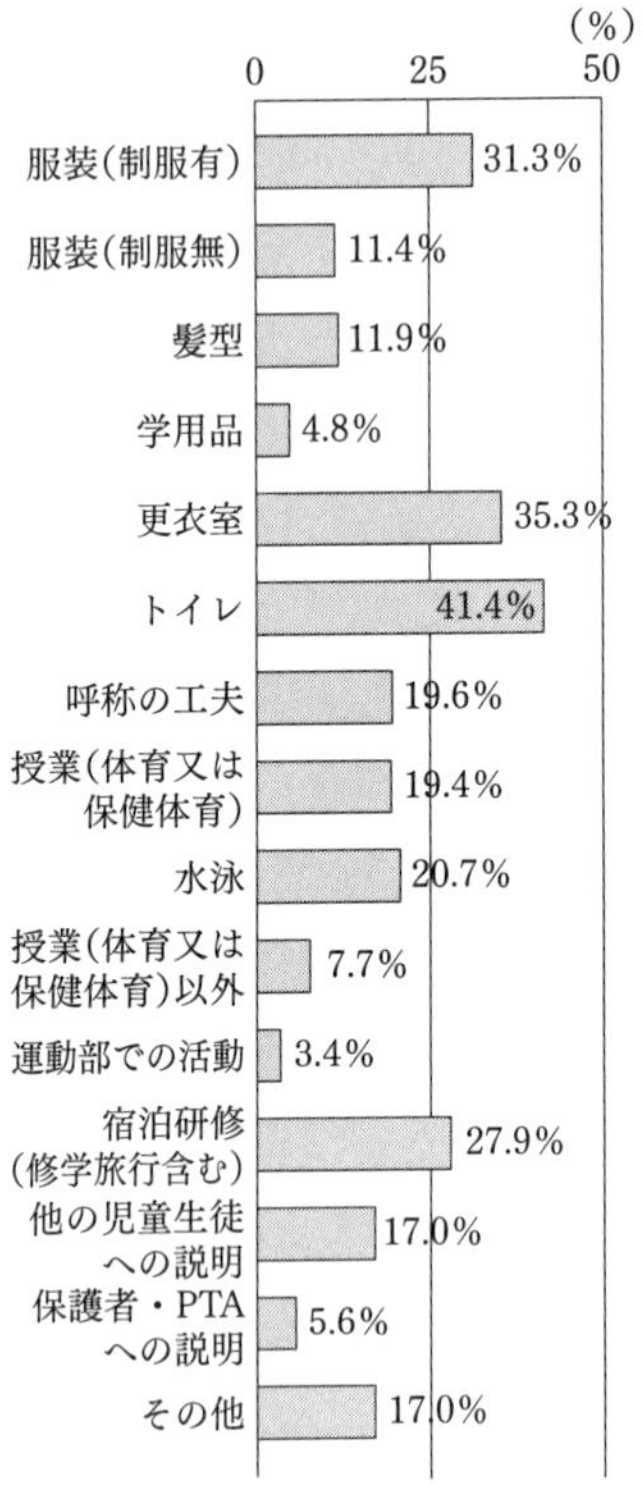

されます。

　このような性同一性障害に係る児童生徒については、学校生活を送る上で特有の支援が必要な場合があることから、個別の事案に応じ、児童生徒の心情等に配慮した対応を行うことが求められています。

※「性自認」と「性的指向」は異なるものであり、対応に当たって混同しないことが必要です。性的指向とは、恋愛対象が誰であるかを示す概念とされています。

「人権の擁護（平成27年度版）」（法務省人権擁護局）では、性同一性障害の人々は「社会の中で偏見の目にさらされ、昇進を妨げられたりするなどの差別を受けてきました」とされています。また、性的指向が同性に向かう同性愛、男女両方に向かう両性愛の人々についても「少数派であるがために正常と思われず、場合によっては職場を追われることさえあります。このような性的指向を理由とする差別的取扱いについては、現在では、不当なことであるという認識が広がっていますが、いまだ偏見や差別が起きているのが現状です」とされています。

　Sexual Orientation（性的指向）と Gender Identity（性自認）の英語の頭文字をとった「SOGI」との表現もあります。

　まずは教職員が、偏見等をなくし理解を深めることが必要です。

2．性同一性障害に係る取組の経緯(略)

資料2　「性同一性障害や性的指向・性自認に係る、児童生徒に対するきめ細かな対応等の実施について（教職員向け）」（文部科学省）から抜粋

はじめに

文部科学省では、平成27年４月30日に「性同一性障害に係る児童生徒に対するきめ細かな対応の実施等について」を通知しました。その背景は以下のとおりです。

〔「性同一性障害に係る児童生徒に対するきめ細かな対応の実施等について」（平成27年４月30日児童生徒課長通知）の前文を再掲（略）〕

通知の発出から約１年が経過したこの間に、通知に基づく対応の在り方について、学校や教育委員会等から質問も寄せられてきました。

このような状況を踏まえ、このたび、学校における性同一性障害に係る児童生徒の状況や、学校等からの質問に対する回答をＱ＆Ａ形式にしてとりまとめました。

本資料が、性同一性障害に係る児童生徒に対するきめ細かな対応等についての教職員の理解に資するよう活用されることを期待しています。
※「自殺総合対策大綱」（平成24年８月28日閣議決定）においては、「自殺念慮の割合等が高いことが指摘されている性的マイノリティについて、無理解や偏見等がその背景にある社会的要因の一つであると捉えて、教職員の理解を促進する。」とされています。

１．用語について

性同一性障害とは、生物学的な性と性別に関する自己意識（以下、「性自認」と言う。）が一致しないため、社会生活に支障がある状態と

資料１

・　性同一性障害に係る児童生徒や「性的マイノリティ」とされる児童生徒は、自身のそうした状態を秘匿しておきたい場合があること等を踏まえつつ、学校においては、日頃より児童生徒が相談しやすい環境を整えていくことが望まれること。このため、まず教職員自身が性同一性障害や「性的マイノリティ」全般についての心ない言動を慎むことはもちろん、例えば、ある児童生徒が、その戸籍上の性別によく見られる服装や髪型等としていない場合、性同一性障害等を理由としている可能性を考慮し、そのことを一方的に否定したり揶揄（やゆ）したりしないこと等が考えられること。
・　教職員が児童生徒から相談を受けた際は、当該児童生徒からの信頼を踏まえつつ、まずは悩みや不安を聞く姿勢を示すことが重要であること。

別紙　性同一性障害に係る児童生徒に対する学校における支援の事例

項目	学校における支援の事例
服装	・自認する性別の制服・衣服や、体操着の着用を認める。
髪型	・標準より長い髪型を一定の範囲で認める（戸籍上男性）。
更衣室	・保健室・多目的トイレ等の利用を認める。
トイレ	・職員トイレ・多目的トイレの利用を認める。
呼称の工夫	・校内文書（通知表を含む。）を児童生徒が希望する呼称で記す。 ・自認する性別として名簿上扱う。
授業	・体育又は保健体育において別メニューを設定する。
水泳	・上半身が隠れる水着の着用を認める（戸籍上男性）。 ・補習として別日に実施、又はレポート提出で代替する。
運動部の活動	・自認する性別に係る活動への参加を認める。
修学旅行等	・１人部屋の使用を認める。入浴時間をずらす。

っては、学校における児童生徒の悩みや不安を軽減し問題行動の未然防止等を進めることを目的として、保護者と十分話し合い可能な支援を行っていくことが考えられること。

（教育委員会等による支援について）

・　教職員の資質向上の取組としては、人権教育担当者や生徒指導担当者、養護教諭を対象とした研修等の活用が考えられること。また、学校の管理職についても研修等を通じ適切な理解を進めるとともに、学校医やスクールカウンセラーの研修等で性同一性障害等を取り上げることも重要であること。
・　性同一性障害に係る児童生徒やその保護者から学校に対して相談が寄せられた際は、教育委員会として、例えば、学校における体制整備や支援の状況を聞き取り、必要に応じ医療機関等とも相談しつつ、「サポートチーム」の設置等の適切な助言等を行っていくこと。

（その他留意点について）

・　以上の内容は、画一的な対応を求める趣旨ではなく、個別の事例における学校や家庭の状況等に応じた取組を進める必要があること。

２．性同一性障害に係る児童生徒や「性的マイノリティ」とされる児童生徒に対する相談体制等の充実

・　学級・ホームルームにおいては、いかなる理由でもいじめや差別を許さない適切な生徒指導・人権教育等を推進することが、悩みや不安を抱える児童生徒に対する支援の土台となること。
・　教職員としては、悩みや不安を抱える児童生徒の良き理解者となるよう努めることは当然であり、このような悩みや不安を受け止めることの必要性は、性同一性障害に係る児童生徒だけでなく、「性的マイノリティ」とされる児童生徒全般に共通するものであること。

しない範囲で一般的な助言を受けることは考えられること。

（学校生活の各場面での支援について）

・　全国の学校では学校生活での各場面における支援として別紙に示すような取組が行われてきたところであり、学校における性同一性障害に係る児童生徒への対応を行うに当たって参考とされたいこと。

・　学校においては、性同一性障害に係る児童生徒への配慮と、他の児童生徒への配慮との均衡を取りながら支援を進めることが重要であること。

・　性同一性障害に係る児童生徒が求める支援は、当該児童生徒が有する違和感の強弱等に応じ様々であり、また、当該違和感は成長に従い減ずることも含め変動があり得るものとされていることから、学校として先入観をもたず、その時々の児童生徒の状況等に応じた支援を行うことが必要であること。

・　他の児童生徒や保護者との情報の共有は、当事者である児童生徒や保護者の意向等を踏まえ、個別の事情に応じて進める必要があること。

・　医療機関を受診して性同一性障害の診断がなされない場合であっても、児童生徒の悩みや不安に寄り添い支援していく観点から、医療機関との相談の状況、児童生徒や保護者の意向等を踏まえつつ、支援を行うことは可能であること。

（卒業証明書等について）

・　指導要録の記載については学齢簿の記載に基づき行いつつ、卒業後に法に基づく戸籍上の性別の変更等を行った者から卒業証明書等の発行を求められた場合は、戸籍を確認した上で、当該者が不利益を被らないよう適切に対応すること。

（当事者である児童生徒の保護者との関係について）

・　保護者が、その子供の性同一性に関する悩みや不安等を受容している場合は、学校と保護者とが緊密に連携しながら支援を進めることが必要であること。保護者が受容していない場合にあ

（学校における支援体制について）

・　性同一性障害に係る児童生徒の支援は、最初に相談（入学等に当たって児童生徒の保護者からなされた相談を含む。）を受けた者だけで抱え込むことなく、組織的に取り組むことが重要であり、学校内外に「サポートチーム」を作り、「支援委員会」（校内）やケース会議（校外）等を適時開催しながら対応を進めること。

・　教職員等の間における情報共有に当たっては、児童生徒が自身の性同一性を可能な限り秘匿しておきたい場合があること等に留意しつつ、一方で、学校として効果的な対応を進めるためには、教職員等の間で情報共有しチームで対応することは欠かせないことから、当事者である児童生徒やその保護者に対し、情報を共有する意図を十分に説明・相談し理解を得つつ、対応を進めること。

（医療機関との連携について）

・　医療機関による診断や助言は学校が専門的知見を得る重要な機会となるとともに、教職員や他の児童生徒・保護者等に対する説明材料ともなり得るものであり、また、児童生徒が性に違和感をもつことを打ち明けた場合であっても、当該児童生徒が適切な知識をもっているとは限らず、そもそも性同一性障害なのかその他の傾向があるのかも判然としていない場合もあること等を踏まえ、学校が支援を行うに当たっては、医療機関と連携しつつ進めることが重要であること。

・　我が国においては、性同一性障害に対応できる専門的な医療機関が多くないところであり、専門医や専門的な医療機関については関連学会等の提供する情報を参考とすることも考えられること。

・　医療機関との連携に当たっては、当事者である児童生徒や保護者の意向を踏まえることが原則であるが、当事者である児童生徒や保護者の同意が得られない場合、具体的な個人情報に関連このような経緯の下、性同一性障害に係る児童生徒についてのきめ細かな対応の実施に当たっての具体的な配慮事項等を下記のとおりとりまとめました。また、この中では、悩みや不安を受け止める必要性は、性同一性障害に係る児童生徒だけでなく、いわゆる「性的マイノリティ」とされる児童生徒全般に共通するものであることを明らかにしたところです。これらについては、「自殺総合対策大綱」（平成24年8月28日閣議決定）を踏まえ、教職員の適切な理解を促進することが必要です。

ついては、都道府県・指定都市教育委員会にあっては所管の学校及び域内の市区町村教育委員会等に対して、都道府県にあっては所轄の私立学校に対して、国立大学法人にあっては附属学校に対して、構造改革特別区域法第12条第1項の認定を受けた地方公共団体にあっては認可した学校に対して、周知を図るとともに、学校において適切に対応ができるよう、必要な情報提供を行うことを含め指導・助言をお願いいたします。

記

1．性同一性障害に係る児童生徒についての特有の支援

・　性同一性障害者とは、法においては、「生物学的には性別が明らかであるにもかかわらず、心理的にはそれとは別の性別（以下「他の性別」という。）であるとの持続的な確信をもち、かつ、自己を身体的及び社会的に他の性別に適合させようとする意思を有する者であって、そのことについてその診断を的確に行うために必要な知識及び経験を有する二人以上の医師の一般に認められている医学的知見に基づき行う診断が一致しているもの」と定義されており、このような性同一性障害に係る児童生徒については、学校生活を送る上で特有の支援が必要な場合があることから、個別の事案に応じ、児童生徒の心情等に配慮した対応を行うこと。

資料1　「性同一性障害に係る児童生徒に対するきめ細かな対応の実施等について」

平成27年４月30日

27文科初児生第３号

各都道府県教育委員会担当事務主管課長
各指定都市教育委員会担当事務主管課長
各都道府県私立学校事務主管課長
附属学校を置く各国立大学法人附属学校事務担当課長
小中高等学校を設置する学校設置会社を
所轄する構造改革特別区域法第12条第１項の
認定を受けた地方公共団体の学校事務担当課長　殿

文部科学省初等中等教育局児童生徒課長
坪田　知広

性同一性障害に係る児童生徒に対するきめ細かな対応の実施等について

性同一性障害に関しては社会生活上様々な問題を抱えている状況にあり、その治療の効果を高め、社会的な不利益を解消するため、平成15年、性同一性障害者の性別の取扱いの特例に関する法律（以下「法」という。）が議員立法により制定されました。また、学校における性同一性障害に係る児童生徒への支援についての社会の関心も高まり、その対応が求められるようになってきました。

こうした中、文部科学省では、平成22年、「児童生徒が抱える問題に対しての教育相談の徹底について」を発出し、性同一性障害に係る児童生徒については、その心情等に十分配慮した対応を要請してきました。また、平成26年には、その後の全国の学校における対応の状況を調査し、様々な配慮の実例を確認してきました。

隠岐さや香（おき さやか）
1975年生まれ。名古屋大学経済学部教授
専攻は科学思想史、科学技術社会論、高等教育研究
著書に『科学アカデミーと「有用な科学」』（名古屋大学出版会）、共著に『世界の高等教育の改革と教養教育』（丸善出版）、『ポスト冷戦時代の科学／技術』（岩波書店）など

河嶋静代（かわしま しずよ）
1952年生まれ。北九州市立大学文学部教授
専攻は社会福祉学、ジェンダー研究
著書に『ベビーホテルと児童家庭問題』（法政出版）、共著に『夜間保育と子どもたち』（北大路書房）、論文に「フェミニズムの視点による社会福祉研究の視座」（「アジア女性研究」第17号）など

田中かず子（たなか かずこ）
1948年生まれ。国際基督教大学教養学部元教授
専攻はフェミニスト社会学、社会階層論、ケアワーク論
編著に『アジアから視るジェンダー』（風行社）、共著に『ケアすること』（岩波書店）、論文に「感情労働としての介護」（「現代のエスプリ」第519号）、「介護労働からみえること」（「女性労働研究」第54号）など

髙橋裕子（たかはし ゆうこ）
1957年生まれ。津田塾大学学長
専攻はアメリカ社会史（家族・女性・教育）、ジェンダー論
著書に『津田梅子の社会史』（玉川大学出版部）、共編著に『家族と教育』（明石書店）、『津田梅子を支えた人びと』（有斐閣）など

紙谷雅子（かみや まさこ）
1952年生まれ。学習院大学法学部教授
専攻は英米法
共著に『スターバックスでラテを飲みながら憲法を考える』（有斐閣）、『近代日本の公と私、官と民』（NTT 出版）、『アメリカ憲法判例の物語』（成文堂）など

戒能民江（かいのう たみえ）
1944年生まれ。お茶の水女子大学名誉教授
専攻はジェンダー法学、女性に対する暴力研究
著書に『ドメスティック・バイオレンス』、編著に『危機をのりこえる女たち』（ともに信山社）、『DV 防止とこれからの被害当事者支援』（ミネルヴァ書房）、共著に『フェミニズム法学』（明石書店）など

［著者略歴］
岸田英之（きしだ ひでゆき）
1961年生まれ。愛媛県西条市立丹原東中学校前校長、愛媛県教育委員会東予教育事務所管理主事
専攻は技術科教育

中塚幹也（なかつか みきや）
1961年生まれ。岡山大学大学院保健学研究科教授、岡山大学ジェンダークリニック医師、GID（性同一性障害）学会理事長、文部科学省「学校における性同一性障害に係る参考資料作成協力委員会（2014）」委員

谷口洋幸（たにぐち ひろゆき）
1975年生まれ。高岡法科大学法学部教授
専攻は国際人権法、ジェンダー法学
共編著に『性的マイノリティ判例解説』（信山社出版）、共著に『性同一性障害』（御茶の水書房）、『同性パートナーシップ制度』（日本加除出版）など

薬師実芳（やくし みか）
1989年生まれ。特定非営利活動法人 ReBit 代表理事
専攻は教育学、学校教育
共著に『LGBT ってなんだろう？』（合同出版）など

渡辺大輔（わたなべ だいすけ）
1973年生まれ。埼玉大学基盤教育研究センター准教授
専攻は教育学、セクシュアリティ教育
共編著に『セクシュアルマイノリティをめぐる学校教育と支援 増補版』（開成出版）、論文に「学校教育をクィアする教育実践への投企」（「現代思想」2015年10月号）など

岩本健良（いわもと たけよし）
1962年生まれ。金沢大学人文学類准教授
専攻は教育社会学、ジェンダー論
共著に『にじ色の本棚』（三一書房）、論文に「大学ランキングへのメタ評価の必要性」（「大学論集」第41集）、報告書に「LGBT 当事者アンケート調査」（NHK オンライン）など

[編著者略歴]
三成美保（みつなり みほ）
1956年生まれ。奈良女子大学副学長
専攻はジェンダー法学、ジェンダー史、西洋法制史
著書に『ジェンダーの法史学』（勁草書房）、編著に『同性愛をめぐる歴史と法』（明石書店）、共著に『歴史教育とジェンダー』（青弓社）、共編著に『ジェンダーから見た世界史』（大月書店）など多数

教育《きょういく》とLGBTIをつなぐ　学校・大学の現場から考える

発行――2017年5月30日　第1刷
定価――2000円＋税
編著者――三成美保
発行者――矢野恵二
発行所――株式会社青弓社
〒101-0061 東京都千代田区三崎町3-3-4
電話 03-3265-8548（代）
http://www.seikyusha.co.jp
印刷所――三松堂
製本所――三松堂

ISBN978-4-7872-3415-5 C0036